数控编程与操作

主　编　胡宗政　辛　鹏
副主编　李贵红　杨　娜　王雅孝　王新陇
　　　　王景涛　黄彦龙　李亚强

北京理工大学出版社
BEIJING INSTITUTE OF TECHNOLOGY PRESS

图书在版编目（CIP）数据

数控编程与操作／胡宗政，辛鹏主编. -- 北京：
北京理工大学出版社，2024.6.
ISBN 978-7-5763-4362-5

Ⅰ. TG659

中国国家版本馆 CIP 数据核字第 2024UF2231 号

责任编辑：赵　岩　　　**文案编辑：**孙富国
责任校对：周瑞红　　　**责任印制：**李志强

出版发行 / 北京理工大学出版社有限责任公司
社　　址 / 北京市丰台区四合庄路 6 号
邮　　编 / 100070
电　　话 / （010）68914026（教材售后服务热线）
　　　　　　（010）68944437（课件资源服务热线）
网　　址 / http：//www.bitpress.com.cn

版 印 次 / 2024 年 6 月第 1 版第 1 次印刷
印　　刷 / 涿州市京南印刷厂
开　　本 / 787 mm×1092 mm　1/16
印　　张 / 11
字　　数 / 230 千字
定　　价 / 69.00 元

前　言

　　本教材依托国务院印发的《国家职业教育改革实施方案》，结合教育部、国家发展改革委、财政部、市场监管总局联合印发的《关于在院校实施"学历证书+若干职业技能等级证书"制度试点方案》的要求，以及编者团队的教学和实践经验编写而成。本教材以培养机电类学生数控机床的操作和数控程序的编制能力为核心，以"项目导向、任务驱动"为中心，以职业技能培养为重点，强化学生知识的应用，加强学生综合技能和创新能力的培养，以满足企业对高素质的实用型、技能型数控人才的需要。

　　本教材以华中 HNC-818D 数控系统为例，详细介绍了数控车床和数控铣床的基本操作方法、数控编程常用指令的格式和使用方法，根据数控车床和数控铣床加工对象的不同，设置不同的加工任务。参照国家职业技能标准和规范，按照"项目导向、任务驱动"的方式精心设计教材内容，使本门课程的教学过程与企业生产过程基本一致，同时也为学生进行 1+X 证书考核奠定基础。

　　本教材由兰州职业技术学院胡宗政、辛鹏担任主编，兰州职业技术学院李贵红、杨娜、王雅孝、王新陇、王景涛、黄彦龙、李亚强担任副主编。

　　由于编者水平有限，本教材中难免会有疏漏、差错之处，恳请读者指正。

目　录

上篇　数控车床

下篇　数控铣床

上篇　数控车床

项目一 简单阶梯轴零件加工

项目描述

　　本项目对简单阶梯轴零件进行加工。通过学习，应掌握数控系统手工编程方法及标准坐标系的设定原则，掌握程序结构及程序中各个参数的含义，熟悉数控车床的操作面板及功能。熟练使用华中 HNC-818D 型数控车床，独立完成简单阶梯轴零件的加工。

项目分析

　　简单阶梯轴零件如图 1-1 所示，利用数控车床进行简单阶梯轴零件的加工。毛坯为 $\phi40$ mm×80 mm 的铝合金。

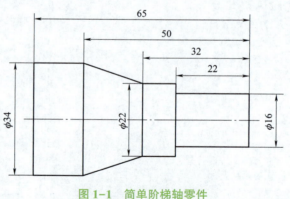

图 1-1　简单阶梯轴零件

项目目标

1. 知识目标

（1）掌握数控编程的内容及方法。

（2）掌握数控程序的构成及各参数的含义。

（3）掌握数控编程各坐标系、坐标轴及相关点的定义。

（4）掌握直径编程的方法。

（5）学会使用绝对坐标及增量坐标进行坐标值的确定。

（6）学会使用数控加工基本指令、单一循环指令、复合循坏指令进行编程。

2. 能力目标

（1）能够熟练装夹工件、刀具，灵活使用量具。

（2）能够熟练进行车床的基本操作。

（3）学会正确对刀。

（4）学会检测并修正刀具磨损值。

3. 素养目标

（1）具有较强的自我控制能力和团队协作能力。

（2）具有较强的责任感和认真的工作态度。

（3）服从安排、遵守纪律，具备环保意识。

知识储备

一、数控车床操作面板组成

华中 HNC-818D 数控系统采用彩色液晶显示屏和内装式 PLC，可与多种伺服驱动单元配套使用，具有开放性好、结构紧凑、集成度高、可靠性好、性价比高、易于操作和维护等优点。本项目以华中 HNC-818D 数控系统为例介绍数控车床操作面板组成，如图 1-2 所示。

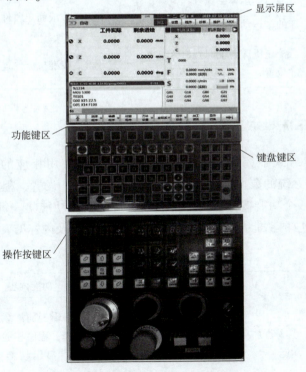

图 1-2　数控车床操作面板组成

操作面板是操作人员对数控车床进行操作的工具，一方面，操作人员可以通过它对数控车床进行操作、编程、维护、调试；另一方面，操作人员也可以通过它了解、查看数控车床的实际运行状态。数控车床操作面板分为显示屏区、功能键区、键盘键区、操作按键区 4 个部分。

二、数控车床基本操作

华中 HNC-818D 数控系统是数控车床的计算机数控（CNC）控制装置，其操作面板上配置有手动、自动、单段、MDI、增量/手轮、回零 7 种工作方式按键。在数控机床的操作过程中，这 7 种工作方式的功能说明及应用见表 1-1。

表 1-1 华中 HNC-818D 数控系统工作方式的功能说明及应用

工作方式	功能说明	功能应用
手动	通过手动按键控制机床轴连续运动，以及辅助动作控制等	零件加工前的准备工作及简单的加工工作等
自动	机床根据编辑的程序，连续自动运行	零件的连续自动加工、程序校验等
单段	机床根据编辑的程序逐段自动运行	加工位置检查及程序校验
MDI	机床运行手动输入的程序	简单零件的自动加工及坐标设置等
增量/手轮	通过按键或手轮，精确操控机床的轴运动	对刀操作或简单零件的手动加工等
回零	控制机床各轴回到机床参考点的位置	开机后校准机床位置等

三、数控车床基本功能

在不同工作方式下完成不同的工作，常需配合使用相应的应用功能。华中 HNC-818D 数控系统的数控（NC）面板上，配有加工、设置、程序、诊断、维护、自定义（MDI）6 个功能按键。每个功能按键对应一组功能集。每组功能集可通过功能软键选择相应的功能及界面。各功能集的功能说明及内容见表 1-2。

表 1-2 各功能集的功能说明及内容

功能集	功能说明	功能内容
加工	自动加工操作所需的功能	编辑新程序，编辑当前加载程序，编辑选择程序，加工程序选择，程序校验，对刀操作，刀补设置，图形设置，显示切换，用户宏，加工信息，参数配置（用户）

功能集	功能说明	功能内容
设置	刀具设置相关的操作功能	对刀操作、刀补设置、坐标设置、刀具寿命管理、刀具自动测量、螺纹修复
程序	用户程序管理功能	编辑新程序，从系统盘、U 盘、网盘中选择、复制、粘贴、删除程序，程序改名、排序，设置标记
诊断	故障诊断、性能调试、智能化功能	（1）故障诊断功能：报警信息、报警历史、梯形图、PLC 状态、宏变量、日志等。 （2）性能调试功能：伺服调整。 （3）智能化功能：二维码、故障录像、丝杠负荷检查等
维护	硬件设置、参数设置、系统升级、基本信息、数据管理等维护相关的功能	（1）系统硬件设备配置及配置顺序设定功能：设备配置。 （2）通用参数的设置功能：参数设置。 （3）用户选配参数的设置功能：参数配置。 （4）系统升级及调试功能：批量调试、数据管理、系统升级、权限管理、用户设定。 （5）注册、基本信息等功能：注册、机床信息、系统信息、工艺包、时间设定
自定义（MDI）	手动数据输入操作的相关功能	暂停、清除、保存、输入

操作安全提示如下。

（1）穿戴好工作服，长发必须佩戴安全帽，严禁戴手套操作。

（2）机床通电前必须确认机床及周边无漏电或引起其他安全隐患的因素。

（3）机床启动时必须单人操作。

四、数控车床操作面板显示屏区说明

图 1-3 为华中 HNC-818D 型数控车床加工功能显示界面，主要用于显示加工过程。该功能集下有坐标显示+程序显示、联合坐标、图形轨迹+程序、程序 4 种显示形式。4 种显示界面可通过"显示切换"功能软键，实现循环切换。

（1）标题栏。

①工作方式：系统工作方式根据机床控制面板上相应按键的状态可在自动（运行）、单段（运行）、手动（运行）、增量（运行）、回零、急停之间切换。

②系统报警信息。

③0 级主菜单名：显示当前激活的主菜单按键。

④U 盘连接情况和网络连接情况。

⑤系统标志和时间。

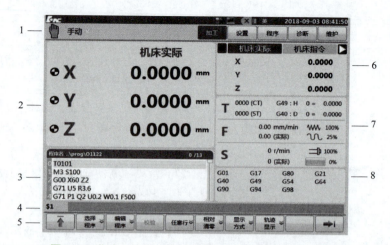

图 1-3　华中 HNC-818D 型数控车床加工功能显示界面

1—标题栏；2—图形显示窗口；3—G 代码显示区；4—输入框；5—菜单命令条；
6—轴状态显示；7—辅助机能；8—G 模态及加工信息区

（2）图形显示窗口：这块区域显示的画面，根据所选菜单键的不同而不同。

（3）G 代码显示区：预览或显示加工程序的代码。

（4）输入框：可在该栏键入需要输入的信息。

（5）菜单命令条：通过菜单命令条中对应的功能键可完成系统功能的操作。

（6）轴状态显示：显示轴的坐标位置、脉冲值、断点位置、补偿值、负载电流等。

（7）辅助机能：T/F/S 信息区。

（8）G 模态及加工信息区：显示加工过程中的 G 模态及加工信息。

五、数控车床操作面板功能键区说明

图 1-4 为华中 HNC-818D 型数控车床操作面板功能键区界面，系统可通过功能按键实现不同的应用功能，同时显示相应的界面，主要包括加工、设置、程序、诊断、维护等功能显示界面。通过对话区域进行人机对话，可实现命令输入及参数设置等操作。

**图 1-4　华中 HNC-818D 型数控车床操作面板
功能键区界面**

1. 加工功能显示界面

图 1-5 为华中 HNC-818D 型数控车床加工功能显示界面，主要显示加工零件所需的全部功能。该功能集包括选择程序、编辑程序、校验程序、刀补设置等 14 种功能。

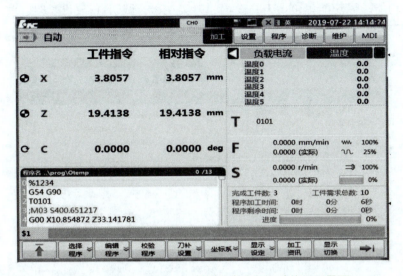

图1-5 华中 HNC-818D 型数控车床加工功能显示界面

（1）选择程序：从目标盘（系统盘、U 盘、用户盘、网盘）中选择程序加载为加工程序，也可通过后台编辑，选择程序进行编辑或编辑新创建的程序。

（2）编辑程序：编辑被加载的程序，即当前加工程序。若程序正在运行过程中则不可编辑。

（3）校验程序：在"自动"或"单段"工作方式下开启该功能，可快速校验当前加载程序，此时机床不运行。

（4）刀补设置：在该功能子界面下可直接设置刀具偏置及磨损值，也可通过"试切直径""试切长度"软键，设置刀具偏置；另可通过"刀架平移"软键，将刀偏值进行整体增减。设置功能集下的"刀补设置"，与加工功能集下的"刀补设置"功能及操作相同。

（5）坐标系：该功能可通过直接输入、当前值输入、增量输入方式设置工件坐标系的值。加工功能集下的"坐标系"，与设置功能集下的"坐标系"功能及操作相同。

（6）显示设定：该功能可设置联合坐标显示内容，以及大字坐标显示内容。

（7）加工资讯：循环切换显示"加工信息"及"G 指令模态"的内容。

（8）显示切换：循环切换显示大字坐标+程序、联合坐标、图形+程序、程序参数配置（与加工及调试等相关的参数可在此设置）。

（9）用户宏：可显示部分固定循环宏变量值。

（10）图形设置：图形显示中的毛坯设置及放大、缩小等调整。

（11）加工信息：加工统计的显示及设置。

（12）任意行：任意行功能的操作及设置。

（13）相对清零：对刀操作时，设定相对零点，以方便对刀计算。

（14）加工配制：当程序中没有指令 F/S 时，可通过该功能设定。

2. 设置功能显示界面

图1-6 为华中 HNC-818D 型数控车床设置功能显示界面，主要有刀具设置相关

的操作等功能。该功能集包括刀补设置、刀架平移、试切直径、试切长度、坐标系、刀具寿命等9种设置功能。

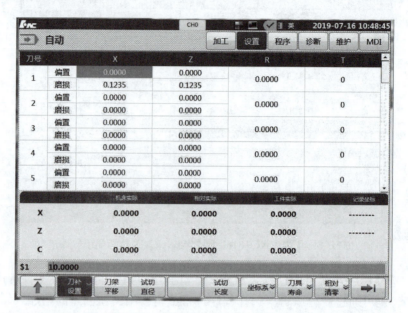

图1-6　华中 HNC-818D 型数控车床设置功能显示界面

（1）刀补设置：在该功能子界面下可直接设置刀具偏置及磨损值，也可通过"试切直径""试切长度"软键，设置刀具偏置；另可通过"刀架平移"软键，将刀偏值进行整体增减。设置功能集下的"刀补设置"，与加工功能集下的"刀补设置"功能及操作相同。

（2）刀架平移：设置功能集默认界面下，通过"刀架平移"软键，将刀偏值进行整体增减。设置功能集默认界面下的"刀架平移"与刀补设置子界面下的"刀架平移"功能及操作相同。

（3）试切直径：设置功能集默认界面下，通过"试切直径"软键，设置刀具 X 轴偏置，同时清除磨损值。设置功能集默认界面下的"试切直径"与刀补设置子界面下的"试切直径"功能及操作相同。

（4）试切长度：设置功能集默认界面下，通过"试切长度"软键，设置刀具 Z 轴偏置，同时清除磨损值。设置功能集默认界面下的"试切长度"与刀补设置子界面下的"试切长度"功能及操作相同。

（5）坐标系：该功能可通过直接输入、当前值输入、增量输入方式设置工件坐标系的值。设置功能集下的"坐标系"，与加工功能集下的"坐标系"功能及操作相同。

（6）刀具寿命：在该功能下可设置刀具寿命的管理方式及策略。

（7）相对清零：可将该界面下相对坐标的 X 和 Z 值清零。

（8）刀具测量：可实现新安装刀具的自动测量。

（9）螺纹修复：可对重新安装的螺纹工件进行螺纹修复加工。

3. 程序功能显示界面

图 1-7 为华中 HNC-818D 型数控车床程序功能显示界面，主要有程序文件的管理、新建等功能。该功能集包括 3 种存储路径选择方式及新建程序、查找、复制、粘贴、删除等功能。

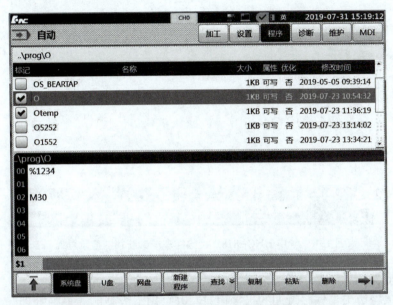

图 1-7　华中 HNC-818D 型数控车床程序功能显示界面

（1）3 种存储路径选择方式：系统盘、U 盘、网盘。（程序文件管理时，程序的来源盘或目标盘。）

（2）新建程序：创建新的程序，其与加工功能集下编辑程序子界面的"新建"软键功能基本相同。

（3）查找：查找程序文件来源盘中的程序。

（4）复制、粘贴：可复制程序文件来源盘中的程序，并粘贴到目标盘中。

（5）删除：可删除程序来源标盘中的程序文件。

（6）设置标记：标记程序来源盘中的程序，以便多程序的复制或粘贴。

（7）重命名：对程序来源盘中的程序重新命名。

（8）名称排序、时间排序：将程序来源盘中的程序，按程序名称中的字母或修改时间排序。

（9）新建目录：在程序目标盘中，创建新的程序目录。

（10）可写、只读：将程序文件设定为可写或只读属性。

（11）用户盘：本系统将储存卡（CF 卡）分为操作系统盘区、数控系统盘区和用户盘区，其中用户盘用于备份、存储等，与机床操作无关。

4. 诊断功能显示界面

图 1-8 为华中 HNC-818D 型数控车床诊断功能显示界面，主要有故障报警、故障诊断及机床调试等功能。该功能集包括报警信息、报警历史、梯形图、状态显示

等 11 种功能。

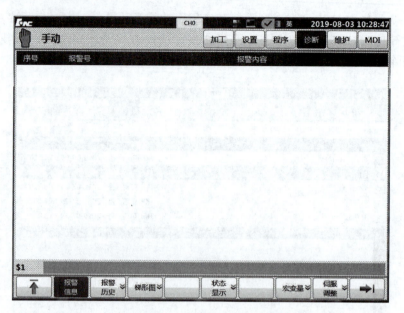

图 1-8　华中 HNC-818D 型数控车床诊断功能显示界面

（1）报警信息：显示当前的报警信息。

（2）报警历史：保存近期的报警信息，并可用下级菜单"报警管理"的子菜单"历史导出"软键，将报警历史导出到 U 盘、用户盘等。

（3）梯形图：可采用周期或触发的方式，跟踪并记录 PLC 信号；也可通过梯形图选项，配置 PLC 的运行、检查及取值方式。

（4）状态显示：可显示、查看各类寄存器的状态。

（5）宏变量：可显示、查看各宏变量的值。

（6）伺服调整：可根据各采样结果，调整伺服参数，实现机床最佳的速度、位置、圆度、攻丝、噪声、龙门同步等状态的调试。

（7）自检：可记录机床长期运行过程中的健康相关指数，以利于机床健康状态预判。

（8）日志：可记录机床运行过程中，通过系统完成的操作过程。

（9）故障录像：可记录故障前 10 s 的故障关联数据。故障关联数据可预设为各轴的位置、速度、电流等。

（10）丝杠负荷：可记录机床长期运行过程中，丝杠各区域的运行频次，以利于对丝杠磨损等状态的判断。

（11）二维码：通过该功能，可获取机床的加工状态、报警历史、故障诊断等数据，并可上传到云端数据中心，实现机床的全生命周期管理。

对于偏重实操的伺服调整及自检等智能化功能及界面，本项目暂不介绍。

5. 维护功能显示界面

图 1-9 为华中 HNC-818D 型数控车床维护功能显示界面，主要有参数配置、系统调试、机床信息等功能。该功能集包括设备配置、参数设置、参数配置、用户设

定等多种功能。

图1-9　华中 HNC-818D 型数控车床维护功能显示界面

（1）设备配置：查看驱动器、I/O、面板等硬件设备的编号及总线连接顺序。

（2）参数设置：该界面包含系统完整参数，可设置的参数类型有 NC 参数、机床用户参数、通道参数、轴参数、误差补偿参数、设备接口参数、数据表参数。

①NC 参数：数控系统的公共参数（如插补周期、分辨率等）。

②机床用户参数：与机床及用户相关的公共参数（如量仪类型、最大通道数等）。

③通道参数：各通道的数控系统公共参数（如小线段参数等）。

④轴参数：逻辑轴相关参数（如电子齿轮比、加减速时间常数等）。

⑤误差补偿参数：逻辑轴的误差补偿相关参数项设置（如轴 0 的反向间隙补偿类型）。

⑥设备接口：物理设备与系统连接相关的接口参数（如设备类型、设备 ID 等）。

⑦数据表：存储误差补偿参数对应补偿值的数据表。

（3）参数配置：该界面包含用户常用参数，并按应用类型进行分类，以便用户设置时方便操作。该界面包含的参数类型有用户参数、机床参数、轴参数、螺距补偿、I/O 设备、本地主轴设备、总线轴设备、功能参数。

（4）用户设定：与用户应用相关的设定。该界面包含显示设定、P 参数、M 代码、PLC 开关、通信设定、个性化设定、闭环切换。

（5）批量调试：PLC、参数、固定循环、G 代码等文件的载入及备份。

（6）数据管理：各类型数据的载入、备份操作。

（7）系统升级：系统升级及备份操作。

（8）权限管理：不同权限管理人员的设置，不同权限对界面及菜单结构等有一定影响。

（9）空间补偿：空间误差补偿设置。

（10）时间设定：系统时间设置。

（11）工艺包：工艺包文件的载入或备份。

（12）机床信息：编辑或显示机床信息。

（13）系统信息：显示该系统的信息。

（14）注册：显示该机床的注册码及相关信息。

考核要求

（1）熟练掌握操作面板各按键功能。

（2）熟练掌握程序的输入、编辑。

（3）熟练掌握程序的检索、调用、校验、删除。

六、数控车床操作面板键盘键区说明

图 1-10 为华中 HNC-818D 型数控车床操作面板键盘键区界面，通过该键盘，可实现命令的输入及编辑。各按键的名称及功能见表 1-3。

图 1-10 华中 HNC-818D 型数控车床操作面板键盘键区界面

表 1-3　华中 HNC-818D 型数控车床操作面板键盘键区按键的名称及功能

按键	名称	功能
	字符键（字母、数字、符号）	输入字母、数字、符号
	光标移动键	控制光标上下左右移动
	%键	其下档键为主要键，为主程序、子程序的程序名符号
	退格键	向前删除字符等
	删除键	删除当前程序字符等

按键	名称	功能
	复位键	CNC 复位，进给、输入停止等
	替换键	当使用 Alt 键+"光标"时，可切换屏幕界面右上角的显示框（位置、补偿、电流等）内容
	空格键	向后空一格
	Enter 键	输入打开及确认输入
	翻页键	同一显示界面时，上下页面的切换
	功能键	选择不同的模式
	软键	华中 HNC-818D 数控系统显示屏幕下方的 10 个无标识按键即为软键。在不同功能集或层级时，其功能对应屏幕上方显示的功能

七、数控车床操作面板操作按键区说明

图 1-11 为华中 HNC-818D 型数控车床操作面板操作按键区界面，各按键名称、功能及有效时的工作方式见表 1-4。

图 1-11　华中 HNC-818D 型数控车床操作面板操作按键区界面

表 1-4　华中 HNC-818D 型数控车床操作面板操作按键区按键的名称及功能

按键	名称	功能	有效时工作方式
手轮	手轮工作方式键	选择手轮工作方式	手轮
回参考点	回零工作方式键	选择回零工作方式	回零
手动	手动工作方式键	选择手动工作方式	手动
MDI	MDI 工作方式键	选择 MDI 工作方式	MDI
自动	自动工作方式键	选择自动工作方式	自动

按键	名称	功能	有效时工作方式
	单段开/关键	逐段运行或连续运行程序的切换。单段有效时，指示灯亮	自动、MDI（含单段）
	程序跳段开关键	程序段首标有"/"符号时，该程序段是否跳过的切换	自动、MDI（含单段）
	选择停开关键	程序运行到 M00 指令时，是否停止的切换。若程序运行前已按下该键（指示灯亮），当程序运行到 M00 指令时，进给保持，再按"循环启动"键才可继续运行后面的程序；若没有按下该键则连续运行该程序	自动、MDI（含单段）
	循环启动键	程序、MDI 指令运行启动	自动、MDI（含单段）
	进给保持键	程序、MDI 指令运行暂停	自动、MDI（含单段）
	主轴控制键	主轴正转、反转、停止运行控制	手轮、增量、手动、MDI（含单段、手轮模拟）
	手动控制轴进给键	手动或增量工作方式下，控制各轴的移动及方向；手轮工作方式时，选择手轮控制轴；手动工作方式下，分别按下各轴时，该轴按工进速度运行，当同时按下快移速度修调键时，该轴按快移速度运行	手轮、增量、手动

按键	名称	功能	有效时工作方式
	机床控制键	手动控制机床的各种辅助动作	手轮、增量、手动、回零、自动、MDI（含单段、手轮模拟）
	程序保护开关	保护程序不被随意修改	任何状态下均可使用
	急停按钮	紧急情况下，使系统和机床立即进入停止状态，所有输出全部关闭	任何状态下均可使用
	进给倍率旋钮	进给速度修调	自动、MDI、手动
	数控电子手轮脉冲发射器	控制机床运动（当手轮模拟功能有效时，还可以控制机床按程序轨迹运行）	手轮
	系统电源开	控制数控装置上电	任何状态下均可使用
	系统电源关	控制数控装置断电	任何状态下均可使用

考核要求

（1）熟练掌握机床开关机、回零操作。

（2）熟练掌握快速移动操作，熟练快速调整刀架位置。

（3）熟练掌握手轮操作。

（4）熟练掌握 MDI 操作，设置主轴转速，更换刀具。

八、 CK6140 数控车床操作

1. 开机、复位操作

检查车床状态是否正常，电源、电压是否符合开机要求；右旋打开机床左侧主控电源，打开系统电源，进入数控系统界面；右旋拔起"急停"按钮，系统复位，当前对应的加工方式为"手动"。

2. 关机操作

首先按下"急停"按钮，然后关闭系统电源，最后左旋关闭机床主控电源。

3. 急停、复位操作

在有危险时或已发生事故时按下"急停"按钮，危险解除后右旋拔起"急停"按钮，使系统复位。

4. 回参考点操作

按"回参考点"键，键内指示灯亮，再按手动控制轴进给键，刀架移至机床参考点。当所有坐标轴回参考点后，即建立起机床坐标系。

5. 超程解除操作

华中 HNC-818D 型数控车床，当某一坐标轴超过软限位开关时，机床会停止动作，解除超程时，只需要将工作方式设置为"手动"或"手轮"方式，向超程轴的反方向移动即可消除超程报警。

6. 手动操作

（1）点动操作。

按"手动"键选择手动方式，然后设定进给修调倍率，再按手动控制轴进给键，使坐标轴连续移动；在点动进给时，同时按住"快进"键不放，则实现相应移动轴正向或负向的快速移动。

（2）手轮进给。

按"手轮"键选择手轮方式，然后取下机床电子手轮脉冲发射器，将移动轴挡位调至 X 轴或 Z 轴，倍率轴挡位调至×1，×10，×100 其中一个挡位，利用手轮正转或反转实现移动轴的正、反向移动。

（3）主轴控制。

按"手动"键![]选择手动方式，按下并松开"主轴正转"键![]或"主轴反转"键![]，主轴电动机运行，按一下"主轴停止"键，主轴电动机停止运转。"主轴正转""主轴反转""主轴停止"3个按键互锁。

（4）手动换刀。

先按"手动"键![]选择手动方式，再按"手动换刀"键![]，转塔刀架则转到所选的刀位上。

（5）手动数据输入（MDI）。

按 MDI 键![]选择 MDI 方式，此时面板显示进入 MDI 运行界面，在显示界面左下角命令行中有光标闪烁。这时，可以通过 NC 键盘输入并执行一个指令段。如发现输入错误，可以使用"退格"键![]进行修改，确认无误后，将加工方式选择为"单段"方式![]，然后按"循环启动"键![]完成手动数据 MDI 输入及运行。

九、对刀

对刀有很多种方法，如试切法对刀、对刀仪对刀等，这里主要讲解手动试切法对刀。

1. 外圆车刀对刀操作

（1）选择 MDI 方式![]，输入"T0101"，按"循环启动"键![]。

（2）选择 MDI 方式![]，输入"M03 S500"，按"循环启动"键![]。

（3）选择"手动"方式![]，使刀具快速移动靠近工件至图 1-12 所示位置，选择"手轮"方式![]，沿 Z 轴负方向切削工件至图 1-13 所示位置，切削完成后刀具沿 Z 轴正方向远离工件至图 1-14 所示位置，按"主轴停止"键![]，主轴停止转动后用游标卡尺测量切削后的工件尺寸。

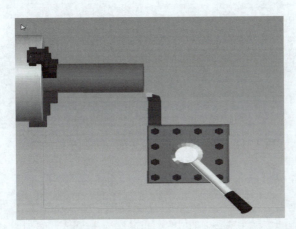

图 1-12　刀具快速移动靠近工件位置图（外圆车刀对刀）

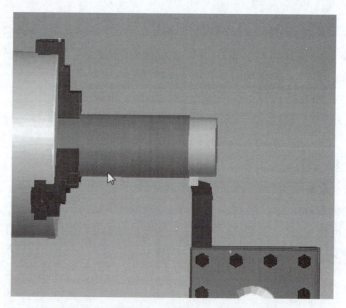

图 1-13　刀具切削工件位置图（外圆车刀对刀）

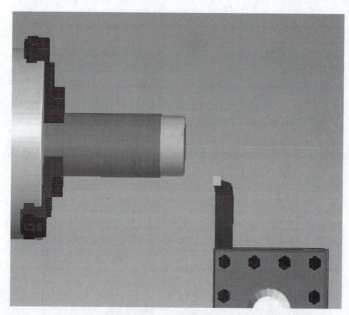

图 1-14　刀具远离工件位置图（外圆车刀对刀）

（4）选择"设置"方式 ▣，进入图 1-15 所示设置界面，选择"试切直径"▣，在 [1号刀试切直径：55] 输入测量后的直径数值，按 Enter 键 ▣ 保存。

（5）选择"手动"方式 ▣，按"主轴正转"键 ▣，使刀具快速移动靠近工件至图 1-16 所示位置，选择"手轮"方式 ▣，沿 X 轴负方向切削工件至图 1-17 所示位置，切削完成刀具沿 X 轴正方向远离工件至图 1-18 所示位置，按"主轴停止"键 ▣，主轴停止转动。

刀号	增量输入	X	Z	R	T
1	偏置	-135.269	-517.265	0.000	0
2	偏置	-78.940	-500.374	0.000	0
3	偏置	-133.068	-520.693	0.000	0
4	偏置	-120.755	-222.148	0.000	0
5	偏置	0.000	0.000	0.000	0
6	偏置	-200.004	-0.009	0.000	0
7	偏置	0.000	0.000	0.000	0
8	偏置	0.000	0.000	0.000	0
9	偏置	0.000	0.000	0.000	0
10	偏置	0.000	0.000	0.000	0

	机床实际	相对实际	工件实际	记录坐标	偏置值
X	-0.010	-0.010	-0.010	---------	---------
Z	-0.006	-0.006	-0.006	---------	---------

$1　1号刀试切直径: 55

图 1-15　设置试切直径显示界面（外圆车刀）

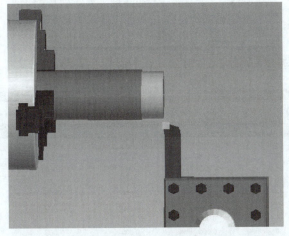

图 1-16　刀具快速移动靠近工件位置图（外圆车刀试切）

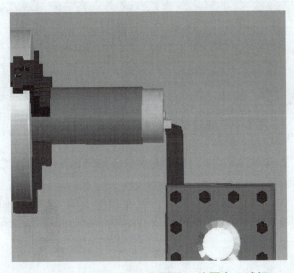

图 1-17　刀具切削工件位置图（外圆车刀试切）

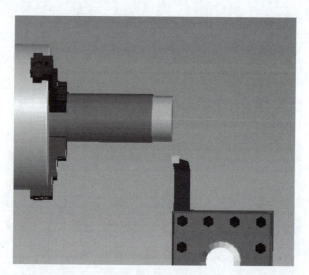

图 1-18　刀具远离工件位置图（外圆车刀试切）

（6）选择"设置"方式 ，进入图 1-19 所示设置界面，选择"试切长度"

，在 1号刀试切长度：0 　　　　输入"0"，按"确认"键 保存。

刀号	增量输入	X	Z	R	T
1	偏置	-135.269	-517.265	0.000	0
2	偏置	-78.940	-500.374	0.000	0
3	偏置	-133.068	-520.693	0.000	0
4	偏置	-120.755	-222.148	0.000	0
5	偏置	0.000	0.000	0.000	0
6	偏置	-200.004	-0.009	0.000	0
7	偏置	0.000	0.000	0.000	0
8	偏置	0.000	0.000	0.000	0
9	偏置	0.000	0.000	0.000	0
10	偏置	0.000	0.000	0.000	0

	机床实际	相对实际	工件实际	记录坐标	偏置值
X	-0.010	-0.010	-0.010	--------	--------
Z	-0.006	-0.006	-0.006	--------	--------

$1　1号刀试切长度：0

刀偏　磨损　锁定解锁　试切直径　试切长度　刀架平移　=/+输入切换

图 1-19　设置试切长度显示界面（外圆车刀）

以上操作建立了外圆车刀以工件右端面中心为坐标原点的工件坐标系。

操作安全提示如下。

（1）切削外径深度以去除表皮为宜，不要切削太深，以免影响加工尺寸。

（2）径向完成切削后，退刀时只沿 Z 轴正方向退刀，X 轴不能动，否则会出现对刀错误，影响加工。

（3）测量切削外径时，主轴必须停止转动。

2. 切槽刀对刀操作

（1）选择 MDI 方式，输入"T0202"，按"循环启动"键。

（2）选择 MDI 方式，输入"M03 S500"，按"循环启动"键。

（3）选择"手动"方式，使刀具快速移动靠近工件至图 1-20 所示位置，选择"手轮"方式，沿 Z 轴负方向切削工件至图 1-21 所示位置，切削完成后刀具沿 Z 轴正方向远离工件至图 1-22 所示位置，按下"主轴停止"键，主轴停止转动后，用游标卡尺测量切削后的工件尺寸。

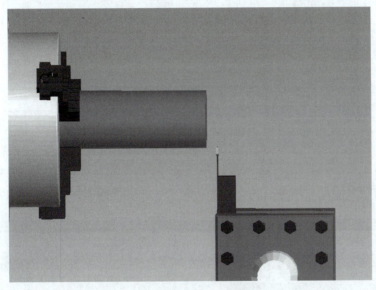

图 1-20　刀具快速移动靠近工件位置图（切槽刀对刀）

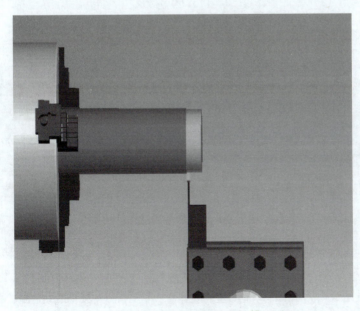

图 1-21　刀具切削工件位置图（切槽刀对刀）

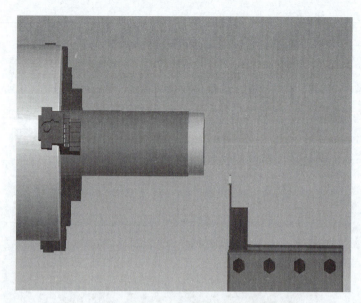

图 1-22 刀具远离工件位置图（切槽刀对刀）

（4）选择"设置"方式![图标]，进入图 1-23 显示界面，选择"试切直径"![试切直径]，在 **2号刀试切直径: 55** 输入测量后的直径数值，按 Enter 键![图标]保存。

刀号	增量输入	X	Z	R	T
1	偏置	-135.269	-0.006	0.000	0
2	偏置	-78.940	-0.006	0.000	0
3	偏置	-133.068	-520.693	0.000	0
4	偏置	-120.755	-222.148	0.000	0
5	偏置	0.000	0.000	0.000	0
6	偏置	-200.004	-0.009	0.000	0
7	偏置	0.000	0.000	0.000	0
8	偏置	0.000	0.000	0.000	0
9	偏置	0.000	0.000	0.000	0
10	偏置	0.000	0.000	0.000	0

	机床实际	相对实际	工件实际	记录坐标	偏置值
X	-0.010	-0.010	-0.010	--------	--------
Z	-0.006	-0.006	-0.006	--------	500.367

$1 2号刀试切直径: 55

| | 刀偏 | 磨损 | 锁定解锁 | 试切直径 | | 试切长度 | 刀架平移 | =/+输入切换 | |

图 1-23 设置试切直径显示界面（切槽刀）

（5）选择"手动"方式![图标]，按"主轴正转"键![图标]，使刀具快速移动靠近工件至图 1-24 所示位置，选择"手轮"方式![图标]，沿 X 轴负方向切削工件至图 1-25 所示位置，切削完成后刀具沿 X 轴正方向远离工件至图 1-26 所示位置，按"主轴停止"键![图标]，主轴停止转动。

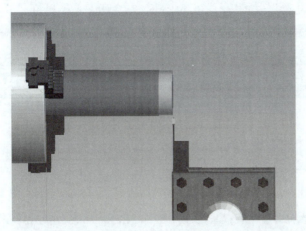

图1-24　刀具快速移动靠近工件位置图（切槽刀试切）

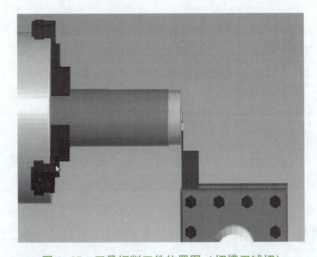

图1-25　刀具切削工件位置图（切槽刀试切）

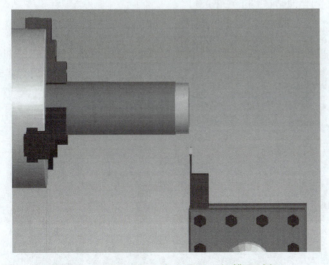

图1-26　刀具远离工件位置图（切槽刀试切）

（6）选择"设置"方式 ，进入图 1-27 所示显示界面，选择"试切长度" ，在 **2号刀试切长度：0** 输入"0"，按 Enter 键 保存。

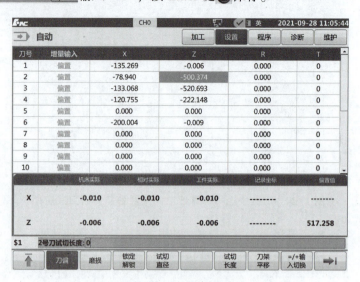

图 1-27　设置试切长度显示界面（切槽刀）

以上操作建立了切槽刀以工件右端面中心为坐标原点的工件坐标系。

3. 外螺纹车刀对刀操作

（1）选择 MDI 方式 ，输入"T0303"，按"循环启动"键 。

（2）选择"MDI"方式 ，输入"M03 S500"，按"循环启动"键 。

（3）选择"手动"方式 ，使刀具快速移动靠近工件至图 1-28 所示位置，选择"手轮"方式 ，沿 Z 轴负方向切削工件至图 1-29 所示位置，切削完成后刀具沿 Z 轴正方向远离工件至图 1-30 所示位置，按"主轴停止"键 ，主轴停止转动后，用游标卡尺测量切削后的工件尺寸。

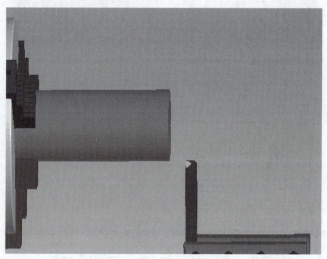

图 1-28　刀具快速移动靠近工件位置图（外螺纹车刀对刀）

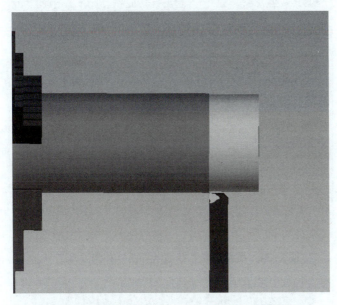

图 1-29　刀具切削工件位置图（外螺纹车刀对刀）

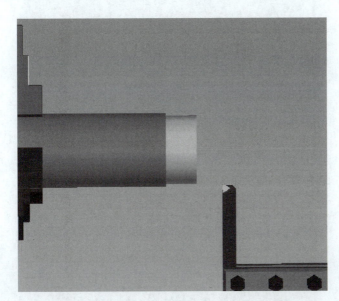

图 1-30　刀具远离工件位置图（外螺纹车刀对刀）

（4）选择"设置"方式 ![icon]，进入图 1-31 显示界面，选择"试切直径"![试切 直径]，在 **3号刀试切直径:** **55** 输入测量后的直径数值，按 Enter 键 ![icon] 保存。

（5）选择"手动"方式 ![icon]，按"主轴正转"键 ![icon]，使刀具快速移动靠近工件至图 1-32 所示位置，选择"手轮"方式 ![icon]，移动刀架至目测刀尖与零件端面齐平处，如图 1-33 所示。

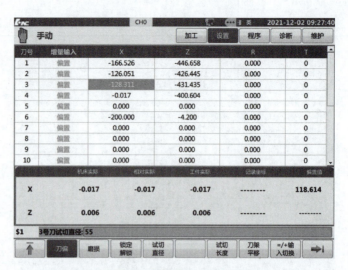

图 1-31　设置试切直径显示界面（外螺纹车刀）

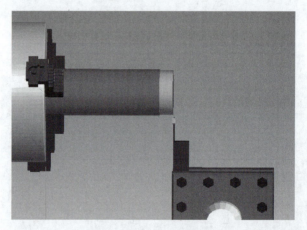

图 1-32　刀具快速移动靠近工件位置图（外螺纹车刀试切）

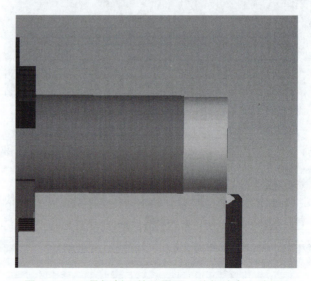

图 1-33　刀具切削工件位置图（外螺纹车刀试切）

（6）选择"设置"方式 ⊙ 进入图 1-34 所示显示界面，选择"试切长度" [试切 长度]，在 [3号刀试切长度: 0] 输入"0"，按 Enter 键 ⊙ 保存。

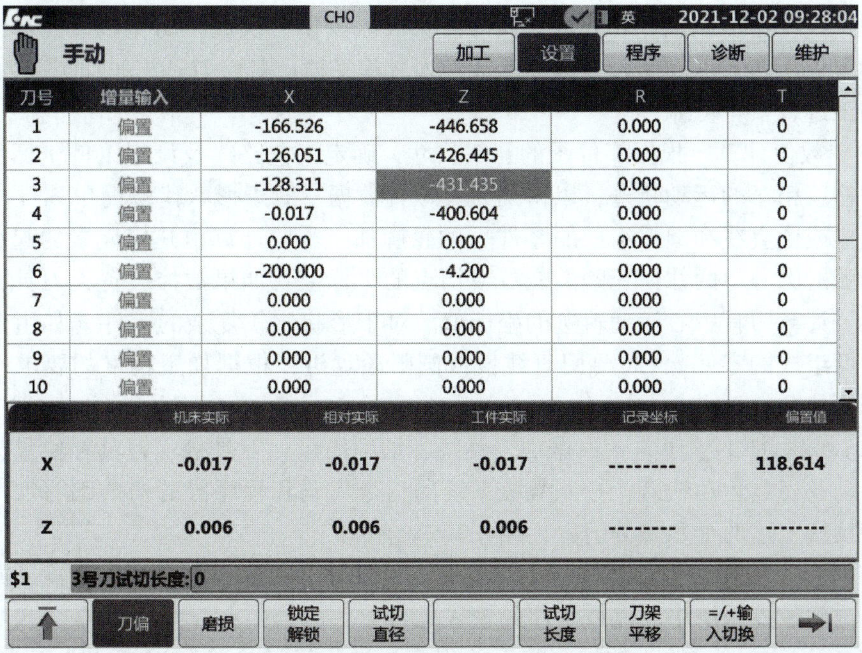

CH0					英	2021-12-02 09:28:04

🖐 手动				加工	设置	程序	诊断	维护

刀号	增量输入	X	Z	R	T
1	偏置	-166.526	-446.658	0.000	0
2	偏置	-126.051	-426.445	0.000	0
3	偏置	-128.311	-431.435	0.000	0
4	偏置	-0.017	-400.604	0.000	0
5	偏置	0.000	0.000	0.000	0
6	偏置	-200.000	-4.200	0.000	0
7	偏置	0.000	0.000	0.000	0
8	偏置	0.000	0.000	0.000	0
9	偏置	0.000	0.000	0.000	0
10	偏置	0.000	0.000	0.000	0

	机床实际	相对实际	工件实际	记录坐标	偏置值
X	-0.017	-0.017	-0.017	--------	118.614
Z	0.006	0.006	0.006	--------	--------

$1 [3号刀试切长度: 0]

⬆	刀偏	磨损	锁定解锁	试切直径		试切长度	刀架平移	=/+输入切换	➡️

图 1-34 设置试切长度显示界面（外螺纹车刀）

以上操作建立了螺纹车刀以工件右端面中心为坐标原点的工件坐标系。

考核要求

（1）熟练掌握毛坯的安装与位置调整。
（2）熟练掌握刀具的安装与刀尖位置的调整。
（3）熟练掌握外圆车刀、切槽刀、外螺纹车刀的对刀操作。

十、数控编程的内容和方法

1. 数控编程的内容

数控机床不同于普通机床。它是按照事先编制好的加工程序，自动地对被加工零件进行加工，而普通机床需要人来操作，数控机床只须改变控制机床动作的程序就可以达到加工不同零件的目的。

一般来讲，数控编程的主要工作内容包括分析零件图、工艺处理、数值计算、编写加工程序单、程序输入、程序校验和首件试切。

（1）分析零件图。分析零件的材料、形状、尺寸、精度、批量、毛坯形状和热处理要求等，以便确定该零件是否适合在数控机床上加工，以及适合在哪种数控机床上加工，并确定加工的内容和要求。

学习笔记

（2）工艺处理。在分析零件图的基础上，进行工艺分析，并制定数控加工工艺，合理地选择加工方案，确定加工顺序、加工路线、装夹方式、刀具及切削参数等内容。同时，还要考虑所用数控机床的指令功能，充分发挥机床的效能；尽量缩短加工路线，正确地选择对刀点、换刀点，以减少换刀次数，简化数值计算；合理选取起刀点、切入点和切入方式，保证切入过程平稳；避免刀具与非加工面的干涉，保证加工过程安全可靠。

（3）数值计算。根据零件图的几何尺寸，确定工艺路线及设定工件坐标系，计算零件粗、精车的运动轨迹，以得到刀具位置数据。对于形状比较简单零件（如由直线组成或由直线和圆弧组成的零件）的轮廓加工，要计算出几何元素的起点、终点、圆弧的圆心、两几何元素的交点或切点的坐标值，如果数控装置无刀具补偿功能，还要计算刀具中心运动轨迹的坐标值。对于形状比较复杂的零件（如由非圆曲线、曲面组成的零件），需要用直线段或圆弧段逼近，根据加工精度的要求计算出节点坐标值。

（4）编写加工程序单。根据加工路线、切削用量、刀具号、刀具补偿量、机床辅助运动及刀具运动轨迹，按照数控系统的指令代码和程序段的格式编写加工程序单，并校核上述两个步骤的内容，纠正其中的错误。

（5）程序输入。把已经编写无误的加工程序单上的内容，通过手动输入或通信方式传输到数控系统中，完成程序的输入。

（6）程序校验。输入数控系统后的程序，必须经过校验和试切才能正式使用。校验的方法是直接将编写好的程序内容输入数控系统中，让机床空转，对于有CRT图形显示的数控机床，采用模拟刀具与工件切削的方法进行检验更为方便，这样做的目的是检查刀具的运行轨迹是否正确，但这些方法只能检验运动是否正确，而不能检验被加工零件的加工精度。因此，要进行零件的首件试切。

（7）首件试切。通过首件试切，如果发现有加工误差，应分析误差产生的原因，找出问题所在并加以修正，直至达到零件图纸的要求。

2. 数控编程的方法

数控编程一般分为手工编程和自动编程两种。

（1）手工编程。手工编程是指由人工完成数控编程的全部工作，包括分析零件图、工艺处理、数值计算、编写加工程序单等。编程人员不仅要熟悉数控指令及编程规则，而且要具备数控加工工艺的知识和数值计算能力。

对于几何形状或加工内容比较简单的零件，数值计算也较简单，程序段不多，采用手工编程较容易完成。因此，在点位加工或由直线与圆弧组成的二维轮廓加工中，手工编程仍广泛使用。但对于形状复杂的零件，特别是具有非圆曲线、曲面的零件，手工编程困难较大、容易出错、效率低，有时甚至无法编写出程序。因此必须采用自动编程方法编制数控加工程序。

（2）自动编程。自动编程是指由计算机完成数控编程的大部分或全部工作，利用专用软件来编制数控加工程序。编程人员只需根据零件图的要求，使用数控语言，通过计算机自动进行数值计算及后置处理，编写出加工程序单，加工程序通过直接通信的方式传输至数控机床，指挥机床工作。自动编程方法减轻了编程人员的劳动强度，缩短了编程时间，提高了编程质量，同时还解决了手工编程无法解决的复杂零件的编程难题，也利于与计算机辅助设计（CAD）的集成。工件表面形状越复杂，工艺过程越烦琐，自动编程的优势就越明显。

十一、坐标系的确定

1. 标准坐标系

标准机床坐标系中，X，Y，Z 坐标轴的相互位置关系用右手笛卡儿直角坐标系确定，大拇指对应 X 轴，食指对应 Y 轴，中指对应 Z 轴，且手指所指的方向为正方向。绕 X 轴旋转的轴定义为 A 轴，绕 Y 轴旋转的轴定义为 B 轴，绕 Z 轴旋转的轴定义为 C 轴。三个旋转轴的方向，顺着移动轴正方向看，顺时针回转为正，逆时针回转为负；或者用右手握住 X，Y 或 Z 轴，大拇指指向各轴正方向，四指弯曲的方向即为对应的 A，B，C 轴的正方向，如图 1-35 所示。

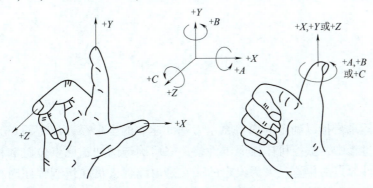

图 1-35　右手笛卡儿坐标系

2. 机床坐标系、机床原点及机床参考点

机床原点为机床上的一个固定点。这个点是由生产厂家对机床进行设计、制造和调整后确定下来的，用户不能随意改变。以机床原点为坐标系原点建立起来的 X，Y，Z 轴直角坐标系，称为机床坐标系。机床坐标系是确定工件位置和机床运行的基本坐标系，是机床固有的坐标系。不同数控机床坐标系的原点不同。数控车床一般将机床原点定义在卡盘后端与主轴旋转中心轴线的交点上，如图 1-36 所示。

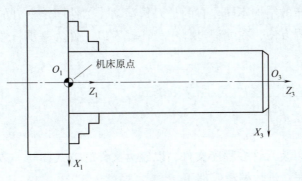

图 1-36　机床原点

机床参考点是对机床工作台、滑板与刀具相对运动的测量系统进行标定和控制的点，是机床坐标系中一个固定不变的位置点，如图1-37所示。机床参考点已由机床制造厂测定后输入数控系统，用户不得更改。为了正确地在机床工作时建立机床坐标系，通常在每个坐标轴的移动范围内设置一个机床参考点（测量起点），机床接通电源后，通常都要进行回零操作，使刀具或工作台退到机床参考点，以建立机床坐标系。

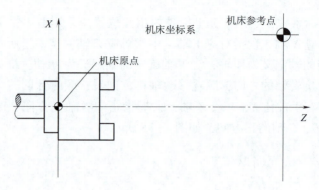

图1-37　机床参考点

3. 工件坐标系及工件原点

工件坐标系是指以确定的加工原点为基准建立的坐标系。加工原点又称程序原点。在加工过程中，数控机床按照工件装夹好后确定的加工原点位置和程序要求进行加工。工件原点的位置是人为设定的，它是由编程人员在编制程序时根据工件特点选定的，所以又称编程原点。以工件原点为坐标系原点建立的 X，Y，Z 轴直角坐标系，称为工件坐标系。

在通常情况下，用机床原点计算加工工件上各点的坐标值并进行编程不是很方便，因此，在编写零件加工程序时，常常要选择工件坐标系（又称编程坐标系）进行计算。程序原点的选择既要符合图样尺寸的标注习惯，又要便于编程。因此在编程时，一般先找出图样上的设计基准点，并以该点作为工件原点。数控车床的工件原点一般选在轴线与工件右端面、左端面或卡爪前端面的交点上。

4. 编程原则

由于数控机床的结构不同，有的是刀具运动、工件固定；有的是刀具固定、工件运动。为了编程方便，在编程过程中一律规定以工件为基准，假定工件不动、刀具运动，进行编程。

十二、数控加工程序的组成和格式

1. 程序的文件名

CNC 装置可以装入许多程序文件，以磁盘文件的方式读写。数控系统通过调用文件名来调用程序，进行编辑或加工。

文件名为"O＊＊＊＊"，其中的"＊＊＊＊"代表文件名，可以由字母和数字组合而成，也可以由纯字母或纯数字组成，字母大小写均可。

2. 程序的构成

一个完整的数控加工程序主要由程序名、程序主体和程序结束指令三部分组成。

（1）程序名。程序名是一个程序必须有的标识符，其由地址符"%"及后带的若干位数字组成，如%1234、%2345 等。

（2）程序主体。程序主体表示数控加工要完成的全部动作，是整个程序的核心，由许多程序段组成，每个程序段由一个或多个指令构成，一般每个程序段占一行。

（3）程序结束指令。程序结束指令 M02 或 M30 可以结束整个程序的运行，一般要求单列一行。加工程序格式一般如下。

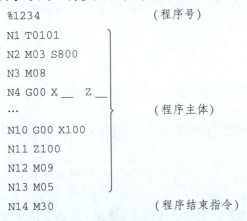

```
%1234              （程序号）
N1 T0101      ⎫
N2 M03 S800   ⎪
N3 M08        ⎪
N4 G00 X__  Z__ ⎪
...               ⎬  （程序主体）
N10 G00 X100  ⎪
N11 Z100      ⎪
N12 M09       ⎪
N13 M05       ⎭
N14 M30            （程序结束指令）
```

十三、常用数控指令

1. 单位设定指令

单位设定指令为 G20，G21。

（1）编程格式。

程序中直接输入 G20/G21 可进行公、英制输入方式切换。

（2）作用。

用于设定输入尺寸的单位。

（3）说明。

①G20 指令指定英制尺寸输入方式，在该方式下输入的线性尺寸单位为 in[①]。

②G21 指令指定公制尺寸输入方式，在该方式下输入的线性尺寸单位为 mm。

③G20，G21 为模态指令，可以相互注销，机床未指定 G20 英制输入方式时，默认为 G21 公制输入方式。

2. 编程方式指令

1）直径编程方式指令 G36、半径编程方式指令 G37

（1）编程格式。

程序中直接输入 G36/G37 可进行 X 轴坐标值直径编程或半径编程方式切换。

---

① 1 in = 25.4 mm。

（2）作用。

用于指定编程时 X 轴坐标选择直径编程还是半径编程方式。

（3）说明。

①G36 指令用于指定编程时 X 轴方向坐标值为直径值。

②G37 指令用于指定编程时 X 轴方向坐标值为半径值。

③G36，G37 为模态指令，可以相互注销，机床未指定 G37 半径编程方式时，机床默认为 G36 直径编程方式。

2）绝对坐标编程指令 G90、相对坐标编程指令 G91

（1）编程格式。

程序中直接输入 G90/G91 可进行绝对坐标编程或相对坐标编程方式切换。

（2）作用。

用于设定输入坐标值的参照点。

（3）说明。

①G90 指令表示采用绝对坐标编程方式，即编程时输入的点坐标值是相对于工件坐标系原点的变化量。

②G91 指令表示采用相对坐标编程方式，即编程时输入的点坐标值是相对于前一个坐标的变化量。

③G90，G91 为模态指令，可以相互注销，机床未指定 G91 相对坐标编程方式时，机床默认为 G90 绝对坐标编程方式。

④G90 指令后的 X，Z 参数表示绝对坐标值（点的实际坐标），G91 指令后的 X，Z 参数表示相对坐标值（相对于前一个点的坐标变化量）。

⑤不使用 G90，G91 指令时，X，Z 代表绝对坐标编程方式；U，W 代表相对坐标编程方式。

3. 进给量设定指令

进给量设定指令为 G94，G95。

（1）编程格式。

G94/G95　F ＿＿

（2）作用。

用于设定插补方式的进给形式。

（3）参数含义。

G94/G95：G94 表示每分钟进给量、G95 表示每转进给量。

F ＿＿：当进给方式为 G94 时，F 表示每分钟的切削进给量，单位为 mm/min；当进给方式为 G95 时，F 表示主轴每转的切削进给量或切削螺纹时的螺距，单位为 mm/r。

（4）说明。

①G94，G95 为模态指令，可以相互注销。

②F 值的设定根据单位设定的不同而不同。

4. 常用基本加工指令

1）快速定位指令 G00

（1）编程格式。

G00　X ___ 　Z ___

（2）作用。

使刀具以点定位的控制方式从刀具所在点快速移动到终点，运动过程中不进行切削加工。

（3）参数含义。

X ___ 　Z ___表示刀具以快速移动的方式到达的终点坐标，即刀具运动终点在工件坐标系中的坐标值。

（4）说明。

①G00 指令的执行过程：刀具由运动起点快速移动到终点，移动速度不以给定的 F 值速度为准，从而实现快速点定位。

②刀具的实际运行路线不一定是直线，也可能是折线。这与机床设定的各轴最大的进给速度即实际位移有关，因此在使用时要特别注意刀具是否会和工件发生干涉。

③G00 指令一般用于加工前的快速定位或加工后的快速退刀，移动速度可通过操作面板上的"快移速度修调"键修正。

2）直线插补指令 G01

（1）编程格式。

G01　X ___ 　Z ___ 　F ___

（2）作用。

使用刀具补偿的方式按照指定的进给速度从起点运动到终点，从而实现两点之间的直线运动，运动过程中可以进行切削加工。

（3）参数含义。

X ___ Z ___表示刀具以直线插补的方式到达的终点坐标，即刀具以给定的进给速度做直线插补运动的工件坐标系中的终点坐标值。

F ___表示刀具做直线插补运动时的进给速度，若在前面程序段中已指定，则可以忽略。

（4）说明。

①F 设定每分钟进给量或每转进给量，具体取决于进给量设定指令 G94，G95。

②G01 指令必须指定进给速度。

5. 复合循环指令

复合循环可以根据零件的精车程序，完成从粗车到精车的全过程，从而使程序得到进一步简化。运用复合循环指令，只需指定精车路线和粗车的背吃刀量，系统会自动根据设定的数值计算出粗车走刀路线和走刀次数。

内（外）圆粗车复合循环指令 G71。

（1）编程格式。

G71　U ___ 　R ___ 　P ___ 　Q ___ 　X ___ 　Z ___ 　F ___

（2）作用。

用于内、外圆柱面需多次走刀才能完成的粗车。

（3）参数含义。

G71 表示内（外）圆粗车复合循环指令。

U __表示粗车时 X 轴方向每刀的背吃刀量。

R __表示粗车时 X 轴方向的退刀量。

P __表示固定循环开始程序段号。

Q __表示固定循环结束程序段号。

X __表示 X 轴方向的精车余量。

Z __表示 Z 轴方向的精车余量。

F __表示粗车时的进给速度。

（4）说明。

①G71 指令必须指定 R，Q 地址，且必须与精车路径的起、止序号对应，否则不能进行循环加工。

②G71 指令中指定的 F 值为粗车进给速度，如需指定精车的主轴转速和进给速度，只需在程序段中指定即可。

③在顺序号 P 到顺序号 Q 的程序段中，不应包含子程序。

④粗车循环中的最后一步是精车车削，精车中的余量是根据指令的设定进行加工的。

项目实施

简单阶梯轴零件的数控加工。

一、加工准备

1. 机床选择

选用装有华中 HNC-818D 数控系统的数控车床。

2. 工具、量具及毛坯

加工本项目零件所需的工具、刀具、量具及毛坯清单见表 1-5。

表 1-5　工具、刀具、量具及毛坯清单

序号	名称	规格	数量
1	游标卡尺	0~150 mm/0.02 mm	1 把
2	外径千分尺	0~25 mm/0.01 mm	1 把
3	外径千分尺	25~50 mm/0.01 mm	1 把
4	外圆车刀	95°	1 把
5	工具	刀架扳手、卡盘扳手	各 1 副

续表

序号	名称	规格	数量
6	毛坯	材料为铝合金，尺寸为 $\phi 40$ mm×80 mm	1 根
7	其他辅助工具	铜皮、毛刷、护目镜等	1 套

3. 工艺分析

该零件为企业生产件。图纸如图 1-1 所示，根据零件形状，采用内（外）圆粗车复合循环指令 G71 切削加工外圆部分，所用刀具设为 T01 外圆车刀，其加工路线为切削 $\phi 16$ mm 外圆→切削圆锥面→切削 $\phi 30$ mm 外圆→切削 $\phi 33$ mm 外圆；所留精车余量为 X 轴方向 0.3 mm、Z 轴方向 0.2 mm。简单阶梯轴零件数控加工工序卡见表 1-6。

表 1-6　简单阶梯轴零件数控加工工序卡

数控加工工序卡		零件图号	零件名称		材料	设备
			简单阶梯轴零件		铝合金	数控车床
工步号	工步内容	刀具号	刀具名称	刀具规格	主轴转速/ (r · min^{-1})	进给速度/ (mm · min^{-1})
1	粗车外轮廓	T01	外圆车刀	95°	500	150
2	精车外轮廓	T01	外圆车刀	95°	1 000	100

二、数控程序编制

本项目提供的毛坯为 $\phi 40$ mm×80 mm 的铝合金棒料，按图纸尺寸要求有一部分外圆不需要加工，因此，在加工时需要考虑装夹工件的长度和加工长度，避免在加工过程中由于装夹不当导致撞刀现象的发生。简单阶梯轴零件的数控加工程序如下。

```
%1234                                                    （程序名）
N10 T0101             （调用 1 号外圆车刀、1 号刀具补偿，设立工件坐标系）
N20 M03 S500 F150    （主轴正转,粗车主轴转速为 500 r/min,进给速度为 150 mm/min）
N30 G00 X40 Z2                                   （快速定位至加工起点）
N40 G71 U1 R1 P50 Q130 X0.3 Z0.2                      （外圆粗车复合循环）
N50 S1000 F100      （主轴正转,精车主轴转速为 1 000 r/min,进给速度为 100 mm/min）
N60 G01 X0                                                 （下刀）
N70 X16                                        （切削 φ16 mm 圆柱外圆）
N80 Z-22                                          （切削长度为 22 mm）
N90 X22                                        （切削 φ22 mm 圆柱外圆）
N100 Z-32                                         （切削长度为 32 mm）
N110 X34 Z-50                                         （切削圆锥部分）
N120 Z-65                     （切削 φ34 mm 圆柱外圆,切削长度为 65 mm）
N130 X42                                                   （退刀）
```

N140 G00 X100   （返回 X 轴安全距离）
N150 Z100   （返回 Z 轴安全距离）
N160 M05   （主轴停止转动）
N170 M30   （程序结束并返回开头）

三、零件的机床加工

1. 零件加工步骤

（1）按照工具、刀具、量具及毛坯清单领取相应的工具、刀具、量具及毛坯。

（2）开机通电，包括机床电源和系统电源。

（3）拔起"急停"按钮并返回机床参考点。

（4）装夹毛坯。

（5）装夹刀具并找正。

（6）对刀，建立工件坐标系。

（7）输入程序。

（8）校验程序。

（9）加工零件。

（10）测量加工后的零件尺寸。

（11）校正刀具磨损值。

（12）零件加工合格后，对机床进行清扫及保养。

（13）按照工具、刀具、量具清单归还相应的工具、刀具、量具。

（14）填写工作日志并关闭系统电源和机床电源。

2. 零件加工注意事项

（1）严格按照以上操作步骤进行加工操作。

（2）切记先对刀，然后输入程序再进行程序校验。

（3）运行程序时先用单段方式进行加工，完成第一刀切削且确认无误后方可切换到自动运行模式进行加工。

（4）加工时操作人员要佩戴护目镜，加工过程中注意将防护门关闭。

（5）机床加工时只允许单人操作，在出现紧急情况时应马上按下"急停"按钮。

（6）注意观察刀具的切削情况。

项目评价

加工完成后，对零件进行去毛刺和尺寸检测，最后填写检测评分表，见表1-7。

表 1-7 简单阶梯轴零件加工检测评分表

工件编号		加工时间		得分	
评价项目	技术要求	配分	评分标准		得分
程序与工艺 (15%)	程序编写正确完整	5	不规范处每处扣 1 分		
	切削用量合理	5	不合理处每处扣 1 分		
	工艺过程规范合理	5	不合理处每处扣 1 分		
机床操作 (15%)	刀具选择及安装正确	5	不正确处每处扣 1 分		
	工件装夹正确	5	不正确处每处扣 1 分		
	对刀及坐标系建立正确	5	不正确处每处扣 1 分		
零件质量 (45%)	零件形状正确	5	不正确处每处扣 1 分		
	尺寸精度符合图纸要求	35	不正确处每处扣 2 分		
	无毛刺、划痕	5	按实际情况扣分		
评价项目	技术要求	配分	评分标准		得分
文明生产 (15%)	安全操作	5	不合格不得分		
	佩戴护目镜	5	未佩戴不得分		
	机床清扫与保养	5	不合格不得分		
职业素养 (10%)	数控加工机床知识	2.5	酌情给分		
	自学能力	2.5	酌情给分		
	团队协作	2.5	酌情给分		
	工具、量具正确使用	2.5	酌情给分		

项目小结

本项目首先提出了对简单阶梯轴零件进行数控车削加工工艺设计和编程的任务，然后详细介绍了完成该任务必须掌握的相关知识，主要包括数控编程的内容和方法，快速定位指令 G00、直线插补指令 G01、内（外）圆粗车复合循环指令 G71 等编程指令的格式和使用方法。最后，设计简单阶梯轴零件的加工工艺并编写数控程序，利用机床自带的仿真功能进行校验和优化，在实际机床上加工出合格的零件。

课后习题

请完成图 1-38 所示简单阶梯轴零件加工程序的编写。

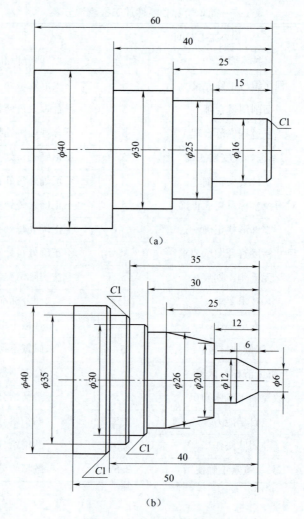

图 1-38　简单阶梯轴零件

项目二　简单圆弧特征零件加工

项目描述

　　本项目对简单圆弧特征零件进行加工。通过学习，应掌握加工该类特征零件的刀具选择方法、加工工艺方法、尺寸控制方法等。熟练使用华中 HNC-818D 型数控车床，独立完成简单圆弧特征零件加工。

项目分析

　　简单圆弧特征零件如图 2-1 所示，利用数控车床进行简单圆弧特征零件加工。毛坯为 $\phi 40$ mm×50 mm 的铝合金。

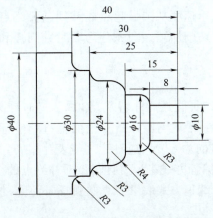

图 2-1　简单圆弧特征零件

项目目标

1. 知识目标

（1）掌握圆弧插补指令的使用及编程格式。

（2）掌握判断圆弧插补方向的方法。

2. 能力目标

（1）能够熟练装夹工件、刀具，灵活使用量具。

（2）能够熟练使用外圆车刀加工简单圆弧特征零件。

（3）能够熟练掌握圆弧插补指令的使用及编程格式。

（4）能够正确判断圆弧插补方向。

3. 素养目标

（1）具有较强的自我控制能力和团队协作能力。

（2）具有较强的责任感和认真的工作态度。

（3）服从安排、遵守纪律，具备环保意识。

知识储备

一、圆弧插补指令 G02/G03

1. 编程格式

半径编程方式指定圆心位置：G02/G03 X(U)＿＿ Z(W)＿＿ R＿＿ F＿＿。

矢量编程方式指定圆心位置：G02/G03 X(U)＿＿ Z(W)＿＿ I＿＿ K＿＿ F＿＿。

2. 作用

使刀具按照指定的进给速度从圆弧起点插补到圆弧终点，实现两点间的圆弧加工，插补过程中可以进行切削加工。圆弧分为顺时针圆弧和逆时针圆弧，与走刀方向、刀架位置有关。

3. 参数含义

G02/G03：G02 为顺时针圆弧插补指令，G03 为逆时针圆弧插补指令。

圆弧顺逆方向的判别：沿着与圆弧所在平面垂直的坐标轴，由正方向向负方向看去，顺时针（表针）方向为 G02，逆时针（与表针相反）方向为 G03。

X＿＿ Z＿＿：以绝对编程方式表示刀具圆弧插补终点的坐标。

U＿＿ W＿＿：以增量编程方式表示刀具圆弧插补终点的坐标，即圆弧终点相对于圆弧起点的增量坐标。

R＿＿：圆弧的半径。

I＿＿ K＿＿：表示圆心相对于圆弧起点的增量坐标，使用时应注意增量的方向。I，K 有一个为零时可省略不写，但不可同时为零。

F＿＿：进行圆弧插补时的进给速度。

4. 说明

圆弧插补指令 G02 与 G03 的选择，是在加工平面内根据其插补时的旋转方向为顺时针或逆时针来区分的。加工平面为观察者迎着 Y 轴的指向所面对的平面，如图 2-2 所示。

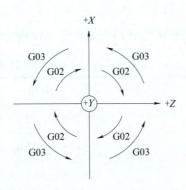

图 2-2   G02/G03 指令插补方向

G02 为顺时针圆弧插补指令，G03 为逆时针圆弧插补指令。其中，X，Z 为使用绝对编程方式时，圆弧终点在工件坐标系中的坐标；U，W 为使用增量编程方式时，圆弧终点相对于圆弧起点的位移量；I，K 为圆心相对于圆弧起点的增量，即等于圆心的坐标减去圆弧起点的坐标，如图 2-3 所示，在绝对、增量编程时都是以增量方式指定，在直径、半径编程时，I 都是半径值；R 为圆弧半径；F 为被编程的两个轴的合成进给速度。

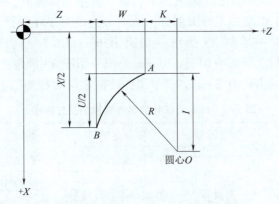

图 2-3   G02/G03 指令参数说明

注：顺时针或逆时针是从垂直于圆弧所在平面的坐标轴的正方向看到的回转方向；当一个程序段同时编入 R，I，K 时，R 有效，I 和 K 无效。

项目实施

简单圆弧特征零件的数控加工。

一、加工准备

1. 机床选择

选用装有华中 HNC-818D 数控系统的数控车床。

2. 工具、量具及毛坯

加工本项目零件所需的工具、刀具、量具及毛坯清单见表 2-1。

表 2-1　工具、刀具、量具及毛坯清单

序号	名称	规格	数量
1	游标卡尺	0~150 mm/0. 02 mm	1 把
2	外径千分尺	0~25 mm/0. 01 mm	1 把
3	外径千分尺	25~50 mm/0. 01 mm	1 把
4	外圆车刀	95°	1 把
5	工具	刀架扳手、卡盘扳手	各 1 副
6	毛坯	材料为铝合金，尺寸为 ϕ40 mm×50 mm	1 根
7	其他辅助工具	铜皮、毛刷、护目镜等	1 套

3. 工艺分析

该零件为企业生产件。图纸如图 2-1 所示，根据零件形状，采用内（外）圆粗车复合循环指令 G71 切削加工外圆部分，所用刀具设为 T01 外圆车刀，其加工路线为切削 ϕ10 mm 外圆→切削 $R3$ 圆角→切削 ϕ16 mm 外圆→切削 $R4$ 圆角→切削 ϕ24 mm 外圆→切削 $R3$ 圆弧→切削 ϕ30 mm 外圆→切削 $R3$ 圆角；所留精车余量为 X 轴方向 0.3 mm、Z 轴方向 0.2 mm。简单圆弧特征零件数控加工工序卡见表 2-2。

表 2-2　简单圆弧特征零件数控加工工序卡

数控加工工序卡		零件图号	零件名称		材料	设备
			简单圆弧特征零件		铝合金	数控车床
工步号	工步内容	刀具号	刀具名称	刀具规格	主轴转速/ $(r \cdot min^{-1})$	进给速度/ $(mm \cdot min^{-1})$
1	粗车外轮廓	T01	外圆车刀	95°	500	150
2	精车外轮廓	T01	外圆车刀	95°	1 000	100

二、数控程序编制

本项目提供的毛坯为 ϕ40 mm×50 mm 的铝合金棒料，按图纸尺寸要求有一部分外圆不需要加工，因此，在加工时需要考虑装夹工件的长度和加工长度，避免在加工过程中由于装夹不当导致撞刀现象的发生。简单圆弧特征零件的数控加工程序如下。（注：程序运行前，确认程序段的正确性，顺、逆时针插补圆弧指令的正确性。）

%1234　　　　　　　　　　　　　　　　　　　　　　　　　　（程序名）
N10 T0101　　　　　　　（调用 1 号外圆车刀、1 号刀具补偿，设立工件坐标系）

```
N20 M03 S500 F150      (主轴正转,粗车主轴转速为 500 r/min,进给速度为 150 mm/min)
N30 C00 X40 Z2                                           (快速定位至加工起点)
N40 G71 U1 R1 P50 Q140 X0.3 Z0.2  F150                   (外圆粗车复合循环)
N50 S1000 F100  (主轴正转,精车主轴转速为 1 000 r/min,进给速度为 100 mm/min)
N60 G01 X10 Z0                                                     (下刀)
N70 Z-8                             (切削 φ10 mm 圆柱外圆,切削长度为 8 mm)
N80 G02 X16 Z-11 R3                                           (切削 R3 圆角)
N90 G01 X16 Z-15                   (切削 φ16 mm 圆柱外圆,切削长度为 15 mm)
N100 G02 X24 Z-19 R4                                         (切削 R4 圆弧)
N110 G01 X24 Z-22                  (切削 φ24 mm 圆柱外圆,切削长度为 22 mm)
N120 G03 X30 Z-25 R3                                         (切削 R3 圆弧)
N130 G01 X30 Z-27                  (切削 φ30 mm 圆柱外圆,切削长度为 27 mm)
N130 G03 X36 Z-30 R3                                         (切削 R3 圆弧)
N140 G01 X42                                                      (退刀)
N150 G00 X100                                           (返回 X 轴安全距离)
N160 Z100                                               (返回 Z 轴安全距离)
N170 M05                                                    (主轴停止转动)
N180 M30                                               (程序结束并返回开头)
```

三、零件的机床加工

1. 零件加工步骤

（1）按照工具、刀具、量具及毛坯清单领取相应的工具、刀具、量具及毛坯。

（2）开机通电,包括机床电源和系统电源。

（3）拔起"急停"按钮并返回机床参考点。

（4）装夹毛坯。

（5）装夹刀具并找正。

（6）对刀,建立工件坐标系。

（7）输入程序。

（8）校验程序。

（9）加工零件。

（10）测量加工后的零件尺寸。

（11）校正刀具磨损值。

（12）零件加工合格后,对机床进行清扫及保养。

（13）按照工具、刀具、量具清单归还相应的工具、刀具、量具。

（14）填写工作日志并关闭系统电源和机床电源。

2. 零件加工注意事项

（1）严格按照以上操作步骤进行加工操作。

（2）切记先对刀,然后输入程序再进行程序校验。

（3）运行程序时先用单段方式进行加工,完成第一刀切削且确认无误后方可切换到自动运行模式进行加工。

（4）加工时操作人员要佩戴护目镜，加工过程中注意将防护门关闭。

（5）机床加工时只允许单人操作，在出现紧急情况时应马上按下"急停"按钮。

（6）注意观察刀具的切削情况。

四、检验评价

加工完成后，对零件进行去毛刺和尺寸检测，最后填写检测评分表，见表2-3。

表2-3　简单圆弧特征零件加工检测评分表

工件编号		加工时间		得分	
评价项目	技术要求	配分	评分标准		得分
程序与工艺 （15%）	程序编写正确完整	5	不规范处每处扣1分		
	切削用量合理	5	不合理处每处扣1分		
	工艺过程规范合理	5	不合理处每处扣1分		
机床操作 （15%）	刀具选择及安装正确	5	不正确处每处扣1分		
	工件装夹正确	5	不正确处每处扣1分		
	对刀及坐标系建立正确	5	不正确处每处扣1分		
零件质量 （45%）	零件形状正确	5	不正确处每处扣1分		
	尺寸精度符合图纸要求	35	不正确处每处扣2分		
	无毛刺、划痕	5	按实际情况扣分		
文明生产 （15%）	安全操作	5	不合格不得分		
	佩戴护目镜	5	未佩戴不得分		
	机床清扫与保养	5	不合格不得分		
职业素养 （10%）	数控加工机床知识	2.5	酌情给分		
	自学能力	2.5	酌情给分		
	团队协作	2.5	酌情给分		
	工具、量具正确使用	2.5	酌情给分		

项目小结

本项目首先提出了对简单圆弧特征零件进行数控车削加工工艺设计和编程的任务，然后详细介绍了完成该任务必须掌握的相关知识，主要包括圆弧插补指令G02/G03的编程格式及使用方法。最后设计目标零件的加工工艺并编写数控程序，利用机床自带的仿真功能进行校验和优化，在实际机床上加工出合格的零件。

课后习题

请完成图 2-4 所示简单圆弧特征零件加工程序的编写。

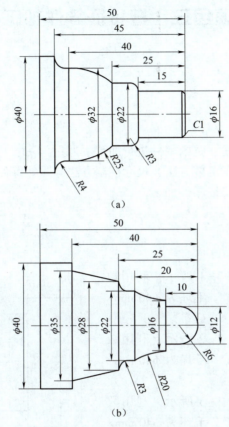

（a）

（b）

图 2-4　简单外圆弧面零件

项目三　槽特征零件加工

项目描述

　　本项目对单槽、多槽、宽槽零件进行加工。通过学习，应掌握加工该类特征零件的刀具选择方法、加工工艺方法、尺寸控制方法等。熟练使用华中 HNC－818D 型数控车床，独立完成槽特征零件加工。

项目分析

　　（1）单槽零件如图 3–1 所示，利用数控车床进行单槽零件加工。毛坯为 $\phi40$ mm× 80 mm 的铝合金。

　　（2）多槽零件如图 3–2 所示，利用数控车床进行多槽零件加工。毛坯为 $\phi40$ mm× 80 mm 的铝合金。

　　（3）宽槽零件如图 3–3 所示，利用数控车床进行宽槽零件加工。毛坯为 $\phi40$ mm× 80 mm 的铝合金。

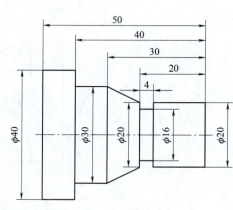

图 3–1　单槽零件

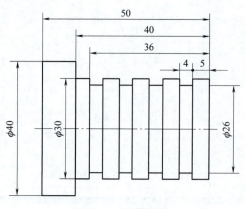

图 3–2　多槽零件

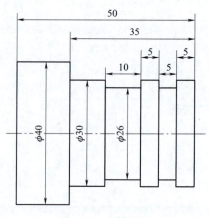

图 3–3　宽槽零件

项目目标

1. 知识目标

（1）掌握暂停指令的格式、含义及应用。
（2）掌握子程序编程方法。
（3）掌握单槽、多槽、宽槽零件加工工艺的制定方法。
（4）掌握切断方法。

2. 能力目标

（1）能够熟练装夹切槽刀。
（2）能够熟练掌握切槽刀的对刀。
（3）能够熟练掌握槽特征零件的尺寸控制方法。

3. 素养目标

（1）具有较强的自我控制能力和团队协作能力。
（2）具有较强的责任感和认真的工作态度。
（3）服从安排、遵守纪律，具备环保意识。

知识储备

一、暂停指令 G04

在系统自动运行过程中，可以通过 G04 指令暂停刀具进给，暂停时间到达后系统自动执行后续的程序段。

1. 编程格式

G04　P ＿＿或 G04　X ＿＿

2. 作用

在两个程序段之间设定暂停一段时间，在切槽过程中使用 G04 指令，是为了保证槽底部的加工粗糙度。

3. 参数含义

G04：暂停指令。

P ＿＿/X ＿＿：设定暂停的时间，其中参数 P 单位为 s，参数 X 单位为 ms。

4. 说明

（1）G04 为非模态指令。
（2）G04 指令执行时，刀具与工件之间无相对运动，即刀具不做切削进给运动，暂停结束后系统自动执行下一段程序。
（3）G04 指令执行时，一定是在前一段程序段的进给速度即将为零时才开始暂停。

（4）G04 指令可使刀具短暂停留，以获得光滑圆整的表面，因此常用于切槽及钻镗孔的加工中。

二、子程序

在程序编制的过程中，往往存在某一项加工内容的程序段重复出现，或者几个程序都要使用某一段程序的情况，此时可以把这段程序编制为固定程序，这组固定程序称为子程序。当程序中有固定加工操作重复出现时，可将这部分操作编制为子程序，多次调用，以简化编程。

1. 调用子程序指令 M98

主程序在执行过程中需要使用某一子程序时，可以利用 M98 指令来调用子程序。

（1）编程格式。

M98　P ＿＿　L ＿＿

（2）作用。

在结构化程序设计中，子程序是一种方便有效的工具，常用于需要多次反复执行相同任务的地方，只需要写一次子程序，其他程序在需要子程序的时候调用它，而无须重写该程序。

（3）参数含义。

M98：调用子程序指令。

P ＿＿：子程序号，后跟调用的子程序的程序号。

L ＿＿：调用子程序的次数。

（4）说明。

①必须保证调用的子程序名称正确。

②子程序执行完成后会自动返回主程序，继续执行主程序后面的程序段。

2. 子程序的格式

子程序与主程序的格式相似，区别是程序结束的指令不同。子程序运行结束并返回开头用 M99 指令表示，主程序运行结束并返回开头用 M30 指令表示。子程序编程格式如下。

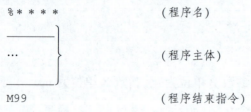

%* * * * *　　　　　　（程序名）

　…　　　　　　　　　（程序主体）

M99　　　　　　　　　（程序结束指令）

项目实施

槽特征零件的数控加工。

一、加工准备

1. 机床选择

选用装有华中 HNC-818D 数控系统的数控车床。

2. 工具、量具及毛坯

加工本项目零件所需的工具、刀具、量具及毛坯清单见表 3-1。

表 3-1　工具、刀具、量具及毛坯清单

序号	名称	规格	数量
1	游标卡尺	0~150 mm/0.02 mm	1 把
2	外径千分尺	0~25 mm/0.01 mm	1 把
3	外径千分尺	25~50 mm/0.01 mm	1 把
4	外圆车刀	95°	1 把
5	切槽刀	刀宽 4 mm	1 把
6	工具	刀架扳手、卡盘扳手	各 1 副
7	毛坯	材料为铝合金，尺寸为 $\phi 40$ mm×80 mm	1 根
8	其他辅助工具	铜皮、毛刷、护目镜等	1 套

3. 工艺分析

1）单槽零件工艺分析

（1）根据图 3-1 所示零件形状，采用内（外）圆粗车复合循环指令 G71 加工外圆部分，所用刀具设为 T01 外圆车刀，其加工路线为切削 $\phi 20$ mm 外圆→切削锥面→切削 $\phi 30$ mm 外圆；所留精车余量为 X 方向 0.3 mm、Z 方向 0.2 mm。

（2）选择 T02 切槽刀，切削 4 mm×$\phi 16$ mm 的退刀槽，切槽刀刀宽 4 mm。

2）多槽零件工艺分析

（1）根据图 3-2 所示零件形状，采用内（外）圆粗车复合循环指令 G71 加工外圆部分，所用刀具设为 T01 外圆车刀，其加工路线为切削 $\phi 30$ mm 外圆；所留精车余量为 X 方向 0.3 mm、Z 方向 0.2 mm。

（2）选择 T02 切槽刀，切削 4 个间距均为 5 mm、尺寸为 4 mm×$\phi 26$ mm 的退刀槽，切槽刀刀宽 4 mm。

3）宽槽零件工艺分析

（1）根据图 3-3 所示零件形状，采用内（外）圆粗车复合循环指令 G71 加工外圆部分，所用刀具设为 T01 外圆车刀，其加工路线为切削 $\phi 30$ mm 外圆；所留精车余量为 X 方向 0.3 mm、Z 方向 0.2 mm。

（2）选择 T02 切槽刀，先切削 5 mm×$\phi 26$ mm 的退刀槽，再切削 10 mm×$\phi 26$ mm 的退刀槽，切槽刀刀宽 4 mm。

槽特征零件数控加工工序卡见表3-2。

表3-2　槽特征零件数控加工工序卡

数控加工工序卡		零件图号	零件名称		材料	设备
			槽特征零件		铝合金	数控车床
工步号	工步内容	刀具号	刀具名称	刀具规格	主轴转速/$(r \cdot min^{-1})$	进给速度/$(mm \cdot min^{-1})$
1	粗车外轮廓	T01	外圆车刀	95°	500	150
2	精车外轮廓	T01	外圆车刀	95°	1 000	100
3	切槽	T02	切槽刀	刀宽4 mm	450	40

二、数控程序编制

本项目提供的毛坯为 ϕ40 mm×80 mm 的铝合金棒料，按图纸尺寸要求有一部分外圆不需要加工，因此，在加工时需要考虑装夹工件的长度和加工长度，避免在加工过程中由于装夹不当导致撞刀现象的发生。

1. 单槽零件的数控加工程序

```
%1234                                                      (程序名)
N10 T0101                       (调用1号外圆车刀、1号刀具补偿,设立工件坐标系)
N20 M03 S500 F150      (主轴正转,粗车主轴转速为500 r/min,进给速度为150 mm/min)
N30 G00 X40 Z2                                        (快速定位至加工起点)
N40 G71 U1 R1 P50 Q100 X0.3 Z0.2                         (外圆粗车复合循环)
N50 S1000 F100        (主轴正转,精车主轴转速为1 000 r/min,进给速度为100 mm/min)
N60 G01 X20                                         (切削 $\phi$20 mm 圆柱外圆)
N70 Z-20                                               (切削长度为20 mm)
N80 X30 Z-30                                              (切削锥面)
N90 Z-40                          (切削 $\phi$30 mm 圆柱外圆,切削长度为40 mm)
N100 G01 X42                                               (退刀)
N120 G00 X100                                        (返回X轴安全距离)
N130 Z100                                            (返回Z轴安全距离)
N140 T0202                            (调用2号切槽刀、2号刀具补偿)
N150 M03 S450                       (主轴正转,主轴转速为450 r/min)
N160 G00 X25 Z-20                              (快速定位至切槽加工起点)
N170 G01 X16 F40       (切削 4 mm×$\phi$16 mm 的退刀槽,进给速度为40 mm/min)
N180 G04 P5                                          (刀具暂停5 s)
N190 G01 X25 F50                                          (退刀)
N200 G00 X100                                        (返回X轴安全距离)
N210 Z100                                            (返回Z轴安全距离)
N220 M05                                              (主轴停止转动)
N230 M30                                         (程序结束并返回开头)
```

2. 多槽零件的数控加工程序

```
%1234                                                        （程序名）
N10 T0101                    （调用1号外圆车刀、1号刀具补偿,设立工件坐标系）
N20 M03 S500 F150      （主轴正转,粗车主轴转速为500 r/min,进给速度为150 mm/min）
N30 G00 X35 Z2                                      （快速定位至加工起点）
N40 G71 U1 R1 P50 Q80 X0.3 Z0.2                     （外圆粗车复合循环）
N50 S1000 F100         （主轴正转,精车主轴转速为1 000 r/min,进给速度为100 mm/min）
N60 G01 X30                                       （切削φ30 mm圆柱外圆）
N70 Z-40                                            （切削长度为40 mm）
N80 G01 X42                                                  （退刀）
N90 G00 X100                                       （返回X轴安全距离）
N100 Z100                                          （返回Z轴安全距离）
N110 T0202                           （调用2号切槽刀、2号刀具补偿）
N120 M03 S450                        （主轴正转,主轴转速为450 r/min）
N130 G00 X35 Z0                          （快速定位至子程序加工起点）
N140 M98 P001 L4               （调用程序名为%001的子程序,调用4次）
N150 G90 G00 X35                         （绝对坐标编程,退刀）
N160 G00 X100                                      （返回X轴安全距离）
N170 Z100                                          （返回Z轴安全距离）
N180 M05                                             （主轴停止转动）
N190 M30                                       （程序结束并返回开头）

%001                                                         （子程序名）
N210 G91 G00 Z-9                       （增量编程,快速定位至切槽加工起点）
N220 G01 X-7 F40                         （切削4 mm×φ26 mm的退刀槽）
N230 G04 P03                                        （刀具暂停3 s）
N240 M99                                      （子程序结束并返回主程序）
```

3. 宽槽零件的数控加工程序

```
%1234                                                        （程序名）
N10 T0101                    （调用1号外圆车刀、1号刀具补偿,设立工件坐标系）
N20 M03 S500 F150      （主轴正转,粗车主轴转速为500 r/min,进给速度为150 mm/min）
N30 G00 X35 Z2                                      （快速定位至加工起点）
N40 G71 U1 R1 P50 Q80 X0.3 Z0.2                     （外圆粗车复合循环）
N50 S1000 F100         （主轴正转,精车主轴转速为1 000 r/min,进给速度为100 mm/min）
N60 G01 X30                                       （切削φ30 mm圆柱外圆）
N70 Z-35                                            （切削长度为35 mm）
N80 G01 X42                                                  （退刀）
N90 G00 X100                                       （返回X轴安全距离）
N100 Z100                                          （返回Z轴安全距离）
N110 T0202                           （调用2号切槽刀、2号刀具补偿）
N120 M03 S450                        （主轴正转,主轴转速为450 r/min）
N130 G00 X35 Z-9                         （快速定位至切槽加工起点）
N140 G01 X26 F40                         （切削5 mm×φ26 mm的退刀槽）
```

N150 G01 X35 F50	（退刀）
N160 G00 Z-10	（快速定位至切槽加工起点）
N170 G01 X26 F40	（切削 5 mm×ϕ26 mm 的退刀槽）
N180 G01 X35 F50	（退刀）
N190 G00 X35 Z-19	（快速定位至切槽加工起点）
N200 G01 X26 F40	（切削 5 mm×ϕ26 mm 的退刀槽）
N210 G01 X35 F50	（退刀）
N220 G00 Z-23	（快速定位至切槽加工起点）
N230 G01 X26 F40	（切削 5 mm×ϕ26 mm 的退刀槽）
N240 G01 X35 F50	（退刀）
N250 G00 Z-25	（快速定位至切槽加工起点）
N260 G01 X26 F40	（切削 ϕ26 mm×5 mm 的槽）
N270 G01 X35 F50	（退刀）
N280 G00 X100	（返回 X 轴安全距离）
N290 Z100	（返回 Z 轴安全距离）
N300 M05	（主轴停止转动）
N310 M30	（程序结束并返回开头）

三、零件的机床加工

1. 零件加工步骤

（1）按照工具、刀具、量具及毛坯清单领取相应的工具、刀具、量具及毛坯。

（2）开机通电，包括机床电源和系统电源。

（3）拔起"急停"按钮并返回机床参考点。

（4）装夹毛坯。

（5）装夹刀具并找正。

（6）对刀，建立工件坐标系。

（7）输入程序。

（8）校验程序。

（9）加工零件。

（10）测量加工后的零件尺寸。

（11）校正刀具磨损值。

（12）零件加工合格后，对机床进行清扫及保养。

（13）按照工具、刀具、量具清单归还相应的工具、刀具、量具。

（14）填写工作日志并关闭系统电源和机床电源。

2. 零件加工注意事项

（1）严格按照以上操作步骤进行加工操作。

（2）切记先对刀，然后输入程序再进行程序校验。

（3）运行程序时先用单段方式进行加工，完成第一刀切削且确认无误后方可切换到自动运行模式进行加工。

（4）加工时操作人员要佩戴护目镜，加工过程中注意将防护门关闭。

（5）机床加工时只允许单人操作，在出现紧急情况时应马上按下"急停"按钮。

（6）注意观察刀具的切削情况。

四、检验评价

加工完成后，对零件进行去毛刺和尺寸检测，最后填写检测评分表，见表3-3。

表3-3　槽特征零件加工检测评分表

工件编号		加工时间		得分	
评价项目	技术要求	配分	评分标准		得分
程序与工艺 （15%）	程序编写正确完整	5	不规范处每处扣1分		
	切削用量合理	5	不合理处每处扣1分		
	工艺过程规范合理	5	不合理处每处扣1分		
机床操作 （15%）	刀具选择及安装正确	5	不正确处每处扣1分		
	工件装夹正确	5	不正确处每处扣1分		
	对刀及坐标系建立正确	5	不正确处每处扣1分		
零件质量 （45%）	零件形状正确	5	不正确处每处扣1分		
	尺寸精度符合图纸要求	35	不正确处每处扣2分		
	无毛刺、划痕	5	按实际情况扣分		
文明生产 （15%）	安全操作	5	不合格不得分		
	佩戴护目镜	5	未佩戴不得分		
	机床清扫与保养	5	不合格不得分		
职业素养 （10%）	数控加工机床知识	2.5	酌情给分		
	自学能力	2.5	酌情给分		
	团队协作	2.5	酌情给分		
	工具、量具正确使用	2.5	酌情给分		

项目小结

本项目首先提出了对槽特征零件进行数控车削加工工艺设计和编程的任务，然后详细介绍了完成该任务必须掌握的相关知识，主要包括暂停指令G04的编程格式及使用方法和子程序的调用。最后设计目标零件的加工工艺并编写数控程序，利用机床自带的仿真功能进行校验和优化，在实际机床上加工出合格的零件。

课后习题

请完成图3-4所示槽特征零件加工程序的编写。

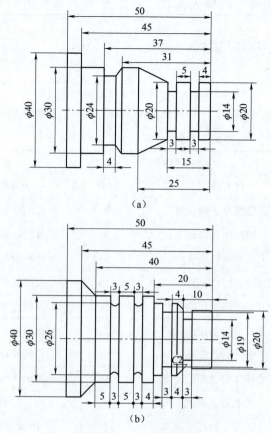

图 3-4　槽特征零件

项目四　外螺纹零件加工

项目描述

　　本项目对单线、双线、三线外螺纹零件进行加工。通过学习，应掌握机械加工中常见外螺纹的数控加工方法。熟练使用华中 HNC-818D 型数控车床，独立完成外螺纹零件加工。

项目分析

　　（1）单线外螺纹零件如图 4-1 所示，利用数控车床进行单线外螺纹零件加工。毛坯为 $\phi40$ mm×80 mm 的铝合金。

　　（2）双线外螺纹零件如图 4-2 所示，利用数控车床进行双线外螺纹零件加工。毛坯为 $\phi40$ mm×80 mm 的铝合金。

　　（3）三线外螺纹零件如图 4-3 所示，利用数控车床进行三线外螺纹零件加工。毛坯为 $\phi40$ mm×80 mm 的铝合金。

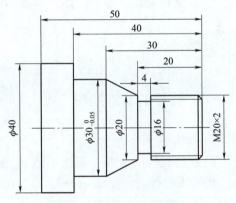

图 4-1　单线外螺纹零件

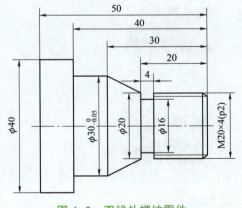

图 4-2　双线外螺纹零件

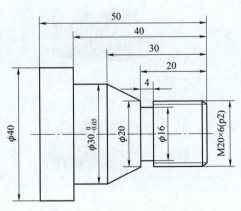

图 4-3　三线外螺纹零件

项目目标

1. 知识目标

（1）掌握螺纹切削循环指令 G82 的格式、含义及使用。

（2）掌握螺纹螺距、牙型高度的计算方法。

（3）掌握单线外螺纹、双线外螺纹、三线外螺纹零件加工工艺的制定方法。

2. 能力目标

（1）能够熟练装夹外螺纹车刀。

（2）能够熟练掌握外螺纹车刀的对刀。

（3）能够熟练掌握螺纹切削循环指令 G82。

3. 素养目标

（1）具有较强的自我控制能力和团队协作能力。

（2）具有较强的责任感和认真的工作态度。

（3）服从安排、遵守纪律，具备环保意识。

知识储备

一、螺纹的基础知识

1. 螺纹的分类

（1）按螺纹的牙型（截面形状），螺纹可分为矩形螺纹、三角形螺纹、梯形螺纹、锯齿形螺纹，如图 4-4 所示。三角形螺纹自锁性能好，主要用于连接；矩形、梯形和锯齿形螺纹主要用于传动。

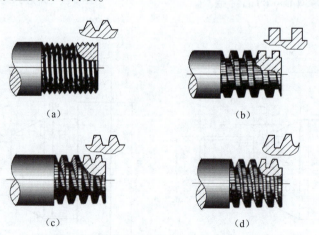

图 4-4　不同牙型的螺纹

（a）三角形螺纹；（b）矩形螺纹；（c）梯形螺纹；（d）锯齿形螺纹

（2）按螺纹的旋向，螺纹分为左旋螺纹和右旋螺纹，如图 4-5 所示，一般采用右旋螺纹。

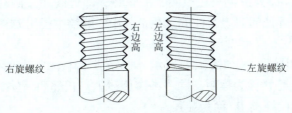

图 4-5　不同旋向的螺纹

（3）按螺旋线的数目，螺纹分为单线螺纹、双线螺纹（见图 4-6）及多线螺纹。连接多用单线螺纹，传动多用双线或多线螺纹。

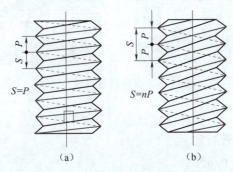

图 4-6　不同螺旋线数目的螺纹

（a）单线螺纹；（b）双线螺纹

（4）按回转体的内、外表面，螺纹分为外螺纹和内螺纹，如图 4-7 所示。

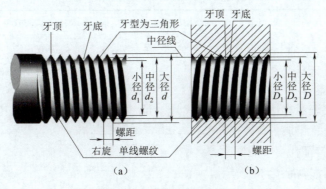

图 4-7　外螺纹和内螺纹

（a）外螺纹；（b）内螺纹

2. 螺纹的主要参数

（1）大径 D，d 与外螺纹牙顶或内螺纹牙底相切的假想圆柱或圆锥的直径称为螺纹的最大直径。其中内螺纹大径用 D 表示，外螺纹大径用 d 表示。螺纹大径为普通螺纹的公称直径，代表螺纹的规格尺寸。

（2）小径 D_1、d_1 与外螺纹牙底或内螺纹牙顶相切的假想圆柱或圆锥的直径称为螺纹的最小直径。其中内螺纹小径用 D_1 表示，外螺纹小径用 d_1 表示。

（3）中径 D_2、d_2 为中径圆柱或圆锥的直径，即母线通过圆柱（或圆锥）螺纹上牙厚和牙槽宽相等处的假想圆柱的直径。其中内螺纹中径用 D_2 表示，外螺纹中径用 d_2 表示。

（4）螺距 P 和导程 P_h 如图4-8所示，相邻两牙体上的对应牙侧与中径线相交两点之间的轴向距离 P 称为螺距。同一条螺旋线上，相邻两牙体相同牙侧与中径线相交两点之间的轴向距离 P_h 称为导程。

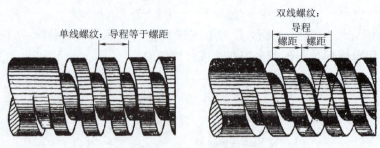

图4-8 螺纹的螺距和导程

（5）螺纹线数 n 指同一圆柱面或圆锥面上螺纹的线数。

（6）螺纹尺寸的计算公式。

①螺纹牙型高度 $h = 0.65P$。

②外螺纹小径 $d_1 = d - 2h$。

③内螺纹小径 $D_1 = D - P$。

（7）常用螺纹直径与对应螺距，见表4-1。

表4-1 常用螺纹直径与对应螺距（粗牙） mm

直径（D、d）	6	8	10	12	14	16	18	20	24	30
螺距（P）	1	1.25	1.5	1.75	2	2	2.5	2.5	3	3.5

3. 螺纹的表示

完整的螺纹表示方法由螺纹特征代号、尺寸代号、公差代号及其他有必要进一步说明的个别信息组成。

1）螺纹的特征代号

普通螺纹用大写字母 M 表示。

2）尺寸代号

（1）单线螺纹的尺寸代号为"公称直径×螺距"，公称直径和螺距数值的单位均为 mm。对于粗牙螺纹，可以省略标注其螺距。

示例：

公称直径为 10 mm、螺距为 1 mm 的单线细牙螺纹表示为 M10×1。

公称直径为 10 mm、螺距为 1.5 mm 的单线细牙螺纹表示为 M10×1.5。

（2）多线螺纹的尺寸代号为"公称直径×P_h 导程 P 螺距"，公称直径、导程和螺距数值的单位均为 mm。

示例：

公称直径为 20 mm、螺距为 2.5 mm、导程为 5 mm 的双线螺纹表示为 M20×P_h5P2.5。

3）公差带代号

公差带代号包含中径公差带代号和顶径公差带代号，中径公差带代号在前，顶径公差带代号在后。

（1）普通螺纹的公差带代号由表示公差等级的数值和表示公差带位置的字母组成。如果中径公差带代号与顶径公差带代号相同，则应只标注一个公差带代号。螺纹尺寸代号与公差带代号之间用"–"分开。

示例：

公称直径为 12 mm、螺距为 1 mm、中径公差带为 5g、顶径公差带为 6g 的外螺纹表示为 M12×1–5g6g。

公称直径为 12 mm，中径公差带和顶径公差带为 6g 的粗牙外螺纹表示为 M12–6g。

公称直径为 12 mm、螺距为 1 mm，中径公差带为 5H、顶径公差带为 6H 的内螺纹表示为 M12×1–5H6H。

公称直径为 12 mm，中径公差带和顶径公差带为 6H 的粗牙内螺纹表示为 M12–6H。

（2）在下列情况下，中等公差精度螺纹不标注其公差带代号。

公差带为 5H，公称直径小于或等于 1.4 mm 的内螺纹。

公差带为 6H，公称直径大于或等于 1.6 mm 的内螺纹。

公差带为 6h，公称直径小于或等于 1.4 mm 的外螺纹。

公差带为 6g，公称直径大于或等于 1.6 mm 的外螺纹。

注：对于螺距为 0.2 mm 的内螺纹，其公差等级为 4 级。

示例：

公称直径为 12 mm，中径公差带和顶径公差带为 6g、中等公差精度的粗牙外螺纹表示为 M12。

公称直径为 12 mm，中径公差带和顶径公差带为 6H、中等公差精度的粗牙内螺纹表示为 M12。

（3）表示内、外螺纹配合时，内螺纹公差带代号在前，外螺纹公差带代号在后，中间用"/"分开。

示例：

公差带为 6H 的内螺纹与中径公差带为 5g 的外螺纹组成配合表示为 M20×2–6H/5g。

公差带为 6H 的内螺纹与公差带为 6g 的外螺纹组成配合（粗牙）表示为 M6–6H/6g。

4）标记内有必要说明的其他信息

螺纹的旋合长度和旋向。

（1）旋合长度。对于短旋合长度组和长旋合长度组螺纹，一般在公差带代号后分别标注 S 和 L 代号。旋合长度代号与公差带之间用"–"分开。中等旋合长度组螺纹不标注。

示例：

短旋合长度的内螺纹表示为 M20×2-5H-S。

长旋合长度的粗牙外螺纹表示为 M16-6g-L。

中等旋合长度的粗牙外螺纹表示为 M8。

（2）旋向。对于左旋螺纹，应在旋合长度代号之后标注 LH 代号。旋合长度代号与旋向代号之间用"–"分开。右旋螺纹则不标注旋向代号。

示例：

左旋螺纹表示为 M20×2-5H-S-LH。

右旋螺纹表示为 M20×2-5H-S。

4. 切削次数与背吃刀量

螺纹的加工不是一刀车削完成的，通常是根据螺距大小分多次车削完成的，表 4-2 列出了常用螺距螺纹切削的进给次数与背吃刀量，作为螺纹切削加工的参考。

表 4-2　常用螺距螺纹切削的进给次数与背吃刀量　　　　　　　　mm

米制粗牙螺纹							
螺距	1.0	1.5	2	2.5	3	3.5	4
牙型高度	0.649	0.975	1.299	1.624	1.949	2.273	2.598
进给次数与背吃刀量（直径量） 1 次	0.7	0.8	0.9	1.2	1.2	1.5	1.5
2 次	0.4	0.6	0.6	0.7	0.7	0.7	0.8
3 次	0.2	0.4	0.6	0.6	0.6	0.6	0.6
4 次		0.16	0.4	0.4	0.4	0.6	0.6
5 次			0.1	0.4	0.4	0.4	0.4
6 次				0.15	0.4	0.4	0.4
7 次					0.2	0.2	0.4
8 次						0.15	0.3
9 次							0.2

二、螺纹切削循环指令 G82

1. 作用

G82 指令使刀具可进行圆柱螺纹或圆锥螺纹的加工，其特点是自动完成四步切削加工。如图 4-9 所示，刀具从循环起点 a 出发，以快速移动的方式运动到切削起点 b，再以 F 指定的进给速度加工至切削终点 c，然后退刀至 d 点，最后以快速移动的方式移动返回循环起点 a，按照深度切削参数往复完成螺纹切削。

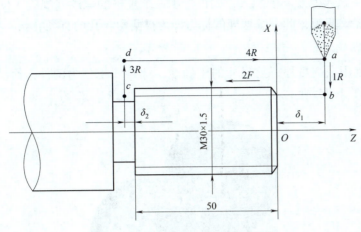

图 4-9　螺纹切削循环指令四步切削

2. 编程格式

G82 X __ Z __ R __ E __ I __ C __ F __

3. 参数含义

X __ Z __：切削终点坐标。

R __ E __：在无退刀槽的螺纹切削时斜线的退尾量。R 为 Z 向退尾量，E 为 X 向退尾量。根据螺纹标准，参数 R 一般设为 0.75~1.75 倍的螺距，参数 E 一般设为螺纹的牙型高度。

I __：切削起点相对于切削终点的半径差。

C __：螺纹的线数。C1 表示单线螺纹（可忽略不写），C2 表示双线螺纹，C3 表示三线螺纹。

F __：螺纹导程。

三、螺纹的检测

1. 螺纹塞规

螺纹塞规是测量内螺纹尺寸正确性的工具，如图 4-10 所示。

图 4-10　螺纹塞规

使用方法如下。

（1）先预测被测螺纹孔的直径，将最接近被测螺纹孔直径的螺纹塞规找出，并试着旋入被测螺纹孔。

（2）如果螺纹塞规能旋入，则再将大一个规格的螺纹塞规旋入试装，直到试出不能旋入的螺纹塞规，比此螺纹塞规小一个规格的螺纹塞规标值即为被测螺纹孔的直径。

（3）如果螺纹塞规不能旋入，则再将小一个规格的螺纹塞规旋入试装，直到试出能旋入的螺纹塞规，此螺纹塞规的标值即为被测螺纹孔的直径。

2. 螺纹环规

螺纹环规用来测量外螺纹尺寸的正确性，螺纹环规分为两件，通端（T）和止端（Z），如图 4-11 所示。

图 4-11　螺纹环规

使用方法如下。

使用螺纹环规检测产品时要遵守"通规过，止规止"的准则。

（1）若通规不通过（拧不过去），说明螺纹中径大了，螺纹不合格。

（2）若止规通过，说明螺纹中径小了，螺纹不合格。

（3）若通规可以在螺纹任意位置转动自如，止规可拧 1~3 圈，但螺纹头部未出螺纹环规端面就拧不动了，这说明检测的外螺纹中径正好在公差带范围内，螺纹合格。

3. 螺距规

螺距规是测量螺纹螺距的工具，如图 4-12 所示。

图 4-12　螺距规

使用方法如下。

螺距规上有螺距的标识，将螺距规放在被测螺纹上，能与螺距规达到相互吻合且没有间隙的螺纹即为合格，此时查看螺距规上的螺距数值，该螺距数值就是被测螺纹的螺距。

项目实施

外螺纹零件的数控加工。

一、加工准备

1. 机床选择

选用装有华中 HNC-818D 数控系统的数控车床。

2. 工具、量具及毛坯

加工本项目零件所需的工具、刀具、量具及毛坯清单见表 4-3。

表 4-3　工具、刀具、量具及毛坯清单

序号	名称	规格	数量
1	游标卡尺	0~150 mm/0.02 mm	1 把
2	外径千分尺	0~25 mm/0.01 mm	1 把
3	外径千分尺	25~50 mm/0.01 mm	1 把
4	外圆车刀	95°	1 把
5	切槽刀	刀宽 4 mm	1 把
6	外螺纹车刀	60°	1 把
7	工具	刀架扳手、卡盘扳手	各 1 副
8	毛坯	材料为铝合金，尺寸为 φ40 mm×80 mm	3 根
9	其他辅助工具	铜皮、毛刷、护目镜等	1 套

3. 工艺分析

1）单线外螺纹零件工艺分析

（1）根据图 4-1 所示零件形状，采用内（外）圆粗车复合循环指令 G71 加工外圆部分，所用刀具设为 T01 外圆车刀，其加工路线为切削 φ20 mm 外圆→切削锥面→切削 φ30 mm 外圆；所留精车余量为 X 方向 0.3 mm、Z 方向 0.2 mm。

（2）选择 T02 切槽刀，切削 4 mm×φ16 mm 的退刀槽，切槽刀刀宽 4 mm。

（3）选择 T03 外螺纹车刀，切削 M20 mm×2 mm 的单线外螺纹。

2）双线外螺纹零件工艺分析

（1）根据图 4-2 所示零件形状，采用内（外）圆粗车复合循环指令 G71 加工外圆部分，所用刀具设为 T01 外圆车刀，其加工路线为切削 φ20 mm 外圆→切削锥面→切削 φ30 mm 外圆；所留精车余量为 X 方向 0.3 mm、Z 方向 0.2 mm。

（2）选择 T02 切槽刀，切削 4 mm×φ16 mm 的退刀槽，切槽刀刀宽 4 mm。

（3）选择 T03 外螺纹车刀，切削 M20 mm×2 mm 的双线外螺纹。

3）三线外螺纹零件工艺分析

（1）根据图 4-3 所示零件形状，采用内（外）圆粗车复合循环指令 G71 加工外圆部分，所用刀具设为 T01 外圆车刀，其加工路线为切削 ϕ20 mm 外圆→切削锥面→切削 ϕ30 mm 外圆；所留精车余量为 X 方向 0.3 mm、Z 方向 0.2 mm。

（2）选择 T02 切槽刀，切削 4 mm×ϕ16 mm 的退刀槽，切槽刀刀宽 4 mm。

（3）选择 T03 外螺纹车刀，切削 M20 mm 的三线外螺纹。

外螺纹零件数控加工工序卡见表 4-4。

表 4-4　外螺纹零件数控加工工序卡

数控加工工序卡		零件图号	零件名称		材料	设备
			外螺纹零件		铝合金	数控车床
工步号	工步内容	刀具号	刀具名称	刀具规格	主轴转速/ ($r \cdot min^{-1}$)	进给速度/ ($mm \cdot min^{-1}$)
1	粗车外轮廓	T01	外圆车刀	95°	500	150
2	精车外轮廓	T01	外圆车刀	95°	1 000	100
3	切槽	T02	切槽刀	刀宽 4 mm	450	40
4	切螺纹	T03	外螺纹车刀	60°	500	导程

二、数控程序编制

本项目提供的毛坯为 ϕ40 mm×80 mm 的铝合金棒料，按图纸尺寸要求有一部分外圆不需要加工，因此，在加工时需要考虑装夹工件的长度和加工长度，避免在加工过程中由于装夹不当导致撞刀现象的发生。

1. 单线外螺纹零件的数控加工程序

```
%1234                                                              (程序名)
N10 T0101              (调用1号外圆车刀、1号刀具补偿,设立工件坐标系)
N20 M03 S500 F150    (主轴正转,粗车主轴转速为500 r/min,进给速度为150 mm/min)
N30 G00 X40 Z2                                          (快速定位至加工起点)
N40 G71 U1 R1 P50 Q100 X0.3 Z0.2                          (外圆粗车复合循环)
N50 S1000 F100      (主轴正转,精车主轴转速为1 000 r/min,进给速度为100 mm/min)
N60 G01 X20                                           (切削φ20 mm圆柱外圆)
N70 Z-20                                                  (切削长度为20 mm)
N80 X30 Z-30                                                    (切削锥面)
N90 Z-40                           (切削φ30 mm圆柱外圆,切削长度为40 mm)
N100 G01 X42                                                        (退刀)
N120 G00 X100                                           (返回X轴安全距离)
N130 Z100                                               (返回Z轴安全距离)
N140 T0202                              (调用2号切槽刀,2号刀具补偿)
N150 M03 S450                     (主轴正转,主轴转速为450 r/min)
N160 G00 X25 Z-20                              (快速定位至切槽加工起点)
```

N170 G01 X16 F40   (切削 4 mm×ϕ16 mm 的退刀槽,进给速度为 40 mm/min)

N180 G04 P5   (刀具暂停 5 s)

N190 G01 X25 F50   (退刀)

N200 G00 X100   (返回 X 轴安全距离)

N210 Z100   (返回 Z 轴安全距离)

N220 T0303   (调用 3 号外螺纹车刀、3 号刀具补偿)

N230 M03 S500   (主轴正转,主轴转速为 500 r/min)

N240 G00 X22 Z2   (快速定位至加工起点)

N250 G82 X19.1 Z-18 F2   (第一次循环切削螺纹,背吃刀量 0.9 mm)

N260 X18.5   (第二次循环切削螺纹,背吃刀量 0.6 mm)

N270 X17.9   (第三次循环切削螺纹,背吃刀量 0.6 mm)

N280 X17.5   (第四次循环切削螺纹,背吃刀量 0.4 mm)

N290 X17.4   (第五次循环切削螺纹,背吃刀量 0.1 mm)

N300 G00 X100   (返回 X 轴安全距离)

N310 Z100   (返回 Z 轴安全距离)

N320 M05   (主轴停止转动)

N330 M30   (程序结束并返回开头)

2. 双线外螺纹零件的数控加工程序

%1234   (程序名)

N10 T0101   (调用 1 号外圆车刀、1 号刀具补偿,设立工件坐标系)

N20 M03 S500 F150   (主轴正转,粗车主轴转速为 500 r/min,进给速度为 150 mm/min)

N30 G00 X40 Z2   (快速定位至加工起点)

N40 G71 U1 R1 P50 Q100 X0.3 Z0.2   (外圆粗车复合循环)

N50 S1000 F100   (主轴正转,精车主轴转速为 1 000 r/min,进给速度为 100 mm/min)

N60 G01 X20   (切削 ϕ20 mm 圆柱外圆)

N70 Z-20   (切削长度为 20 mm)

N80 X30 Z-30   (切削锥面)

N90 Z-40   (切削 ϕ30 mm 圆柱外圆,切削长度为 40 mm)

N100 G01 X42   (退刀)

N120 G00 X100   (返回 X 轴安全距离)

N130 Z100   (返回 Z 轴安全距离)

N140 T0202   (调用 2 号切槽刀、2 号刀具补偿)

N150 M03 S450   (主轴正转,主轴转速为 450 r/min)

N160 G00 X25 Z-20   (快速定位至切槽加工起点)

N170 G01 X16 F40   (切削 4 mm×ϕ16 mm 的退刀槽)

N180 G04 P5   (刀具暂停 5 s)

N190 G01 X25 F50   (退刀)

N200 G00 X100   (返回 X 轴安全距离)

N210 Z100   (返回 Z 轴安全距离)

N220 T0303   (调用 3 号外螺纹车刀、3 号刀具补偿)

N230 M03 S500   (主轴正转,主轴转速为 500 r/min)

N240 G00 X22 Z2   (快速定位至加工起点)

N250 G82 X19.1 Z-18 C2 P180 F2   (第一次循环切削螺纹,背吃刀量 0.9 mm)

N260 X18.5	（第二次循环切削螺纹,背吃刀量 0.6 mm）
N270 X17.9	（第三次循环切削螺纹,背吃刀量 0.6 mm）
N280 X17.5	（第四次循环切削螺纹,背吃刀量 0.4 mm）
N290 X17.4	（第五次循环切削螺纹,背吃刀量 0.1 mm）
N300 G00 X100	（返回 X 轴安全距离）
N310 Z100	（返回 Z 轴安全距离）
N320 M05	（主轴停止转动）
N330 M30	（程序结束并返回开头）

3. 三线外螺纹零件的数控加工程序

%1234	（程序名）
N10 T0101	（调用 1 号外圆车刀、1 号刀具补偿,设立工件坐标系）
N20 M03 S500 F150	（主轴正转,粗车主轴转速为 500 r/min,进给速度为 150 mm/min）
N30 G00 X40 Z2	（快速定位至加工起点）
N40 G71 U1 R1 P50 Q100 X0.3 Z0.2	（外圆粗车复合循环）
N50 S1000 F100	（主轴正转,精车主轴转速为 1 000 r/min,进给速度为 100 mm/min）
N60 G01 X20	（切削 ϕ20 mm 圆柱外圆）
N70 Z-20	（切削长度为 20 mm）
N80 X30 Z-30	（切削锥面）
N90 Z-40	（切削 ϕ30 mm 圆柱外圆,切削长度为 40 mm）
N100 G01 X42	（退刀）
N120 G00 X100	（返回 X 轴安全距离）
N130 Z100	（返回 Z 轴安全距离）
N140 T0202	（调用 2 号切槽刀、2 号刀具补偿）
N150 M03 S450	（主轴正转,主轴转速为 450 r/min）
N160 G00 X25 Z-20	（快速定位至切槽加工起点）
N170 G01 X16 F40	（切削 4 mm×ϕ16 mm 的退刀槽）
N180 G04 P5	（刀具暂停 5 s）
N190 G01 X25 F50	（退刀）
N200 G00 X100	（返回 X 轴安全距离）
N210 Z100	（返回 Z 轴安全距离）
N220 T0303	（调用 3 号外螺纹车刀、3 号刀具补偿）
N230 M03 S500	（主轴正转,主轴转速为 500 r/min）
N240 G00 X22 Z2	（快速定位至加工起点）
N250 G82 X19.1 Z-18 C3 P120 F2	（第一次循环切削螺纹,背吃刀量 0.9 mm）
N260 X18.5	（第二次循环切削螺纹,背吃刀量 0.6 mm）
N270 X17.9	（第三次循环切削螺纹,背吃刀量 0.6 mm）
N280 X17.5	（第四次循环切削螺纹,背吃刀量 0.4 mm）
N290 X17.4	（第五次循环切削螺纹,背吃刀量 0.1 mm）
N300 G00 X100	（返回 X 轴安全距离）
N310 Z100	（返回 Z 轴安全距离）
N320 M05	（主轴停止转动）
N330 M30	（程序结束并返回开头）

三、零件的机床加工

1. 零件加工步骤

（1）按照工具、刀具、量具及毛坯清单领取相应的工具、刀具、量具及毛坯。

（2）开机通电，包括机床电源和系统电源。

（3）拔起"急停"按钮并返回机床参考点。

（4）装夹毛坯。

（5）装夹刀具并找正。

（6）对刀，建立工件坐标系。

（7）输入程序。

（8）校验程序。

（9）加工零件。

（10）测量加工后的零件尺寸。

（11）校正刀具磨损值。

（12）零件加工合格后，对机床进行清扫及保养。

（13）按照工具、刀具、量具清单归还相应的工具、刀具、量具。

（14）填写工作日志并关闭系统电源和机床电源。

2. 零件加工注意事项

（1）严格按照以上操作步骤进行加工操作。

（2）切记先对刀，然后输入程序再进行程序校验。

（3）运行程序时先用单段方式进行加工，完成第一刀切削且确认无误后方可切换到自动运行模式进行加工。

（4）加工时操作人员要佩戴护目镜，加工过程中注意将防护门关闭。

（5）机床加工时只允许单人操作，在出现紧急情况时应马上按下"急停"按钮。

（6）注意观察刀具的切削情况。

四、检验评价

加工完成后，对零件进行去毛刺和尺寸检测，最后填写检测评分表，见表4-5。

表4-5　外螺纹零件加工检测评分表

工件编号		加工时间		得分	
评价项目	技术要求	配分	评分标准		得分
程序与工艺（15%）	程序编写正确完整	5	不规范处每处扣1分		
	切削用量合理	5	不合理处每处扣1分		
	工艺过程规范合理	5	不合理处每处扣1分		

评价项目	技术要求	配分	评分标准	得分
机床操作 （15%）	刀具选择及安装正确	5	不正确处每处扣 1 分	
	工件装夹正确	5	不正确处每处扣 1 分	
	对刀及坐标系建立正确	5	不正确处每处扣 1 分	
零件质量 （45%）	零件形状正确	5	不正确处每处扣 1 分	
	尺寸精度符合图纸要求	35	不正确处每处扣 2 分	
	无毛刺、划痕	5	按实际情况扣分	
文明生产 （15%）	安全操作	5	不合格不得分	
	佩戴护目镜	5	未佩戴不得分	
	机床清扫与保养	5	不合格不得分	
职业素养 （10%）	数控加工机床知识	2.5	酌情给分	
	自学能力	2.5	酌情给分	
	团队协作	2.5	酌情给分	
	工具、量具正确使用	2.5	酌情给分	

项目小结

本项目首先提出了对外螺纹零件进行数控车削加工工艺设计和编程的任务，然后详细介绍了完成该任务必须掌握的相关知识，主要包括螺纹切削循环指令 G82 的编程格式及使用方法。最后设计目标零件的加工工艺并编写数控程序，利用机床自带的仿真功能进行校验和优化，在实际机床上加工出合格的零件。

课后习题

请完成图 4-13 所示外螺纹零件加工程序的编写。

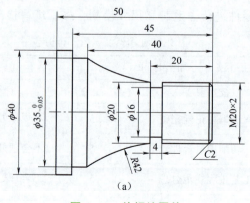

（a）

图 4-13　外螺纹零件

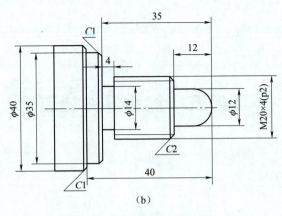

图 4-13　外螺纹零件（续）

项目五　综合零件加工

项目描述

本项目对中等复杂零件、复杂零件进行加工。通过学习，巩固数控车床程序的编制方法，熟悉零件加工所需工具、刀具、量具的使用方法，熟练掌握数控加工工艺分析、加工参数的选择。熟练使用华中 HNC-818D 型数控车床，独立完成综合零件加工。

项目分析

（1）中等复杂零件如图 5-1 所示，利用数控车床进行中等复杂零件加工。毛坯为 $\phi40$ mm×75 mm 的铝合金。

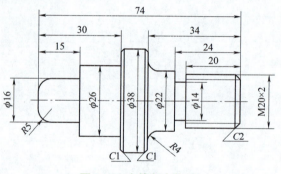

图 5-1　中等复杂零件

（2）复杂零件如图 5-2 所示，利用数控车床进行复杂零件加工。毛坯为 $\phi40$ mm×100 mm 的铝合金。

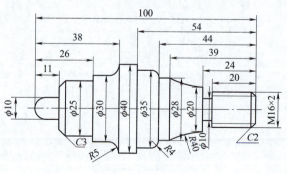

图 5-2　复杂零件

项目目标

1. 知识目标

（1）掌握综合零件数控加工工艺分析。
（2）掌握零件调头加工的方法。

2. 能力目标

（1）能够熟练装夹加工所有刀具。
（2）能够熟练掌握量具的使用。
（3）能够熟练操作零件调头加工。

3. 素养目标

（1）具有较强的自我控制能力和团队协作能力。
（2）具有较强的责任感和认真的工作态度。
（3）服从安排、遵守纪律，具备环保意识。

项目实施

综合零件的数控加工。

一、加工准备

1. 机床选择

选用装有华中 HNC-818D 数控系统的数控车床。

2. 工具、量具及毛坯

加工本项目零件所需的工具、刀具、量具及毛坯清单见表 5-1。

表 5-1　工具、刀具、量具及毛坯清单

序号	名称	规格	数量
1	游标卡尺	0~150 mm/0.02 mm	1 把
2	外径千分尺	0~25 mm/0.01 mm	1 把
3	外径千分尺	25~50 mm/0.01 mm	1 把
4	外圆车刀	95°	1 把
5	切槽刀	刀宽 4 mm	1 把
6	外螺纹车刀	60°	1 把
7	工具	刀架扳手、卡盘扳手	各 1 副
8	毛坯	材料为铝合金，尺寸分别为 $\phi40$ mm× 75 mm 和 $\phi40$ mm×100 mm	2 根
9	其他辅助工具	铜皮、毛刷、护目镜等	1 套

3. 工艺分析

1）中等复杂零件工艺分析

（1）根据图 5-1 所示零件形状，采用内（外）圆粗车复合循环指令 G71 先加工零件左侧部分，所用刀具设为 T01 外圆车刀，其加工路线为切削 ϕ16 mm 外圆→切削 ϕ26 mm 外圆→切削 ϕ38 mm 外圆；所留精车余量为 X 方向 0.3 mm、Z 方向 0.2 mm。

（2）调头。

（3）采用内（外）圆粗车复合循环指令 G71 加工零件右侧部分，所用刀具设为 T01 外圆车刀，其加工路线为切削 ϕ20 mm 外圆→切削 ϕ22 mm 外圆；所留精车余量为 X 方向 0.3 mm、Z 方向 0.2 mm。

（4）选择 T02 切槽刀，切削 4 mm×ϕ14 mm 的退刀槽，切槽刀刀宽 4 mm。

（5）选择 T03 外螺纹车刀，切削 M20 mm×2 mm 的外螺纹。

2）复杂零件工艺分析

（1）根据图 5-2 所示零件形状，采用内（外）圆粗车复合循环指令 G71 先加工右侧部分，所用刀具设为 T01 外圆车刀，其加工路线为切削 ϕ16 mm 外圆→切削 R40 圆弧面→切削 ϕ28 mm 外圆→切削 ϕ35 mm 外圆；所留精车余量为 X 方向 0.3 mm、Z 方向 0.2 mm。

（2）选择 T02 切槽刀，切削 4 mm×ϕ10 mm 的退刀槽，切槽刀刀宽 4 mm。

（3）选择 T03 外螺纹车刀，切削 M16 mm×2 mm 的外螺纹。

（4）调头。

（5）采用内（外）圆粗车复合循环指令 G71 加工零件左侧部分，所用刀具设为 T01 外圆车刀，其加工路线为切削 ϕ10 mm 外圆→切削 ϕ25 mm 外圆→切削 ϕ30 mm 外圆；所留精车余量为 X 方向 0.3 mm、Z 方向 0.2 mm。

综合零件数控加工工序卡见表 5-2。

表 5-2　综合零件数控加工工序卡

数控加工工序卡		零件图号	零件名称		材料	设备
			综合零件		铝合金	数控车床
工步号	工步内容	刀具号	刀具名称	刀具规格	主轴转速/ (r·min⁻¹)	进给速度/ (mm·min⁻¹)
1	粗车外轮廓	T01	外圆车刀	95°	500	150
2	精车外轮廓	T01	外圆车刀	95°	1 000	100
3	切槽	T02	切槽刀	4 mm	450	40
4	切螺纹	T03	外螺纹车刀	60°	500	导程

二、数控程序编制

本项目提供的毛坯为 ϕ40 mm×75 mm 和 ϕ40 mm×100 mm 的铝合金棒料，按图纸尺寸要求有一部分外圆不需要加工，因此，在加工时需要考虑装夹工件的长度和加工长度，避免在加工过程中由于装夹不当导致撞刀现象的发生。

1. 中等复杂零件的数控加工程序

（1）左端程序。

%1234	（程序名）
N10 T0101	（调用 1 号外圆车刀、1 号刀具补偿，设立工件坐标系）
N20 M03 S500 F150	（主轴正转，粗车主轴转速为 500 r/min，进给速度为 150 mm/min）
N30 G00 X40 Z2	（快速定位至加工起点）
N40 G71 U1 R1 P50 Q100 X0.3 Z0.2	（外圆粗车复合循环）
N50 S1000 F100	（主轴正转，精车主轴转速为 1 000 r/min，进给速度为 100 mm/min）
N60 G01 X6	（X 轴到达 $R5$ mm 圆弧起点）
N70 Z0	（Z 轴到达 $R5$ mm 圆弧起点）
N80 G03 X16 Z-5 R5	（切削 $R5$ mm 圆弧）
N90 Z-15	（切削 $\phi16$ mm 圆柱外圆，切削长度为 10 mm）
N100 X26	（切削 $\phi26$ mm 圆柱端面）
N110 Z-30	（切削 $\phi26$ mm 圆柱外圆，切削长度为 15 mm）
N120 X38 C1	（切削 $\phi38$ mm 圆柱端面，带过渡倒角 $C1$）
N130 Z-40	（切削 $\phi38$ mm 圆柱外圆，切削长度为 9 mm）
N140 G01 X42	（退刀）
N150 G00 X100	（返回 X 轴安全距离）
N160 Z100	（返回 Z 轴安全距离）
N170 M05	（主轴停止转动）
N180 M30	（程序结束并返回开头）

（2）调头装夹程序。

%1234	（程序名）
N10 T0101	（调用 1 号外圆车刀、1 号刀具补偿，设立工件坐标系）
N20 M03 S500 F150	（主轴正转，粗车主轴转速为 500 r/min，进给速度为 150 mm/min）
N30 G00 X40 Z2	（快速定位至加工起点）
N40 G71 U1 R1 P50 Q100 X0.3 Z0.2	（外圆粗车复合循环）
N50 S1000 F100	（主轴正转，精车主轴转速为 1 000 r/min，进给速度为 100 mm/min）
N60 G01 X16	（X 轴到达倒角起点）
N70 Z0	（Z 轴到达倒角起点）
N80 X20 Z-2	（切削倒角 $C2$）
N90 Z-24	（切削 $\phi20$ mm 圆柱外圆，切削长度为 24 mm）
N100 X22	（切削 $\phi22$ mm 圆柱端面）
N110 Z-34 R4	（切削 $\phi22$ mm 圆柱外圆，切削长度为 6 mm，带过渡圆弧 $R4$ mm）
N120 X38	（切削 $\phi38$ mm 圆柱端面）
N130 X38 Z-35	（切削倒角 $C1$）
N140 G01 X42	（退刀）
N150 G00 X100	（返回 X 轴安全距离）
N160 Z100	（返回 Z 轴安全距离）
N170 T0202	（调用 2 号切槽刀、2 号刀具补偿）
N180 M03 S450	（主轴正转，主轴转速为 450 r/min）
N190 G00 X24 Z-24	（快速定位至加工起点）

N200 G01 X14 F40　　　　　　　　　　　　　（切削 4 mm×φ14 mm 的退刀槽,进给速度为 40 mm/min）

N210 G04 P5　　　　　　　　　　　　　　　　　　　（刀具暂停 5 s）

N220 G01 X24 F50　　　　　　　　　　　　　　　　　　　　　（退刀）

N230 G00 X100　　　　　　　　　　　　　　　　　　（返回 X 轴安全距离）

N240 Z100　　　　　　　　　　　　　　　　　　（返回 Z 轴安全距离）

N250 T0303　　　　　　　　　　　　　（调用 3 号外螺纹车刀、3 号刀具补偿）

N260 M03 S500　　　　　　　　　　　（主轴正转,主轴转速为 500 r/min）

N270 G00 X22 Z2　　　　　　　　　　　　　　　（快速定位至加工起点）

N280 G82 X19.1 Z-22 F2　　　　　　（第一次循环切削螺纹,背吃刀量 0.9 mm）

N290 X18.5　　　　　　　　　　　　（第二次循环切削螺纹,背吃刀量 0.6 mm）

N300 X17.9　　　　　　　　　　　　（第三次循环切削螺纹,背吃刀量 0.6 mm）

N310 X17.5　　　　　　　　　　　　（第四次循环切削螺纹,背吃刀量 0.4 mm）

N320 X17.4　　　　　　　　　　　　（第五次循环切削螺纹,背吃刀量 0.1 mm）

N330 G00 X100　　　　　　　　　　　　　　　　　　（返回 X 轴安全距离）

N340 Z100　　　　　　　　　　　　　　　　　　（返回 Z 轴安全距离）

N350 M05　　　　　　　　　　　　　　　　　　　　（主轴停止转动）

N360 M30　　　　　　　　　　　　　　　　　（程序结束并返回开头）

2. 复杂零件的数控加工程序

（1）右端程序。

%1234　　　　　　　　　　　　　　　　　　　　　　（程序名）

N10 T0101　　　　　　　（调用 1 号外圆车刀、1 号刀具补偿,设立工件坐标系）

N20 M03 S500 F150　　　（主轴正转,粗车主轴转速为 500 r/min,进给速度为 150 mm/min）

N30 G00 X40 Z2　　　　　　　　　　　　　　　（快速定位至加工起点）

N40 G71 U1 R1 P50 Q100 X0.3 Z0.2　　　　　　　　（外圆粗车复合循环）

N50 S1000 F100　　　（主轴正转,精车主轴转速为 1 000 r/min,进给速度为 100 mm/min）

N60 G01 X12　　　　　　　　　　　　　　　（X 轴到达螺纹倒角起点）

N70 Z0　　　　　　　　　　　　　　　　　（Z 轴到达螺纹倒角起点）

N80 X16 Z-2　　　　　　　　　　　　　　　　　　（切削倒角 C2）

N90 Z-24　　　　　　　　　　　（切削 φ16 mm 圆柱外圆,切削长度为 24 mm）

N100 X20　　　　　　　　　　　　（X 轴切削至 R40 mm 圆弧起点）

N110 G02 X28 Z-39 R40　　　　　　　　　　　　（切削 R40 mm 圆弧）

N120 G01 Z-44　　　　　　　　（切削 φ28 mm 圆柱外圆,切削长度为 5 mm）

N130 X35 R4　　　　　　　　（切削 φ35 mm 圆柱端面,带过渡圆弧 R4 mm）

N140 Z-54　　　　　　　　　　（切削 φ35 mm 圆柱外圆,切削长度为 6 mm）

N150 G01 X42　　　　　　　　　　　　　　　　　　　　　（退刀）

N160 G00 X100　　　　　　　　　　　　　　　　　　（返回 X 轴安全距离）

N170 Z100　　　　　　　　　　　　　　　　　　（返回 Z 轴安全距离）

N180 T0202　　　　　　　　　　　　　（调用 2 号切槽刀、2 号刀具补偿）

N190 M03 S450　　　　　　　　　　　（主轴正转,主轴转速为 450 r/min）

N200 G00 X22 Z-24　　　　　　　　　　　　　　（快速定位至加工起点）

N210 G01 X10 F40　　　　　　　　　　　　（切削 4 mm×φ10 mm 的退刀槽）

N220 G04 P5　　　　　　　　　　　　　　　　　　　（刀具暂停 5 s）

N230 G01 X22 F50　　　　　　　　　　　　　　　　　　　　　（退刀）

```
N240 G00 X100                          (返回 X 轴安全距离)
N250 Z100                              (返回 Z 轴安全距离)
N260 T0303                             (调用 3 号外螺纹车刀、3 号刀具补偿)
N270 M03 S500                          (主轴正转,主轴转速为 500 r/min)
N280 G00 X18 Z2                        (快速定位至加工起点)
N290 G82 X15.1 Z-22 F2       (第一次循环切削螺纹,背吃刀量 0.9 mm)
N300 X14.5                   (第二次循环切削螺纹,背吃刀量 0.6 mm)
N310 X13.9                   (第三次循环切削螺纹,背吃刀量 0.6 mm)
N320 X13.5                   (第四次循环切削螺纹,背吃刀量 0.4 mm)
N330 X13.4                   (第五次循环切削螺纹,背吃刀量 0.1 mm)
N340 G00 X100                          (返回 X 轴安全距离)
N350 Z100                              (返回 Z 轴安全距离)
N360 M05                               (主轴停止转动)
N370 M30                               (程序结束并返回开头)
```

（2）调头装夹程序。

```
%1234                                            (程序名)
N10 T0101            (调用 1 号外圆车刀、1 号刀具补偿,设立工件坐标系)
N20 M03 S500 F150   (主轴正转,粗车主轴转速为 500 r/min,进给速度为 150 mm/min)
N30 G00 X40 Z2                         (快速定位至加工起点)
N40 G71 U1 R1 P50 Q100 X0.3 Z0.2       (外圆粗车复合循环)
N50 S1000 F100   (主轴正转,精车主轴转速为 1 000 r/min,进给速度为 100 mm/min)
N60 G01 X0                         (X 轴到达 R5 mm 圆弧起点)
N70 Z0                             (Z 轴到达 R5 mm 圆弧起点)
N80 G03 X10 Z-5 R5                       (切削 R5 mm 圆弧)
N90 G01 Z-11              (切削 φ10 mm 圆柱外圆,切削长度为 6 mm)
N100 X25 C3              (切削 φ25 mm 圆柱端面,带过渡倒角 C3)
N110 Z-26               (切削 φ25 mm 圆柱外圆,切削长度为 12 mm)
N120 X30                          (切削 φ30 mm 圆柱端面)
N130 Z-38 R5    (切削 φ30 mm 圆柱外圆,切削长度为 7 mm,带过渡圆弧 R5 mm)
N140 G01 X42                                  (退刀)
N150 G00 X100                          (返回 X 轴安全距离)
N160 Z100                              (返回 Z 轴安全距离)
N170 M05                               (主轴停止转动)
N180 M30                               (程序结束并返回开头)
```

三、零件的机床加工

1. 零件加工步骤

（1）按照工具、刀具、量具及毛坯清单领取相应的工具、刀具、量具及毛坯。

（2）开机通电,包括机床电源和系统电源。

（3）拔起"急停"按钮并返回机床参考点。

（4）装夹毛坯。

（5）装夹刀具并找正。

（6）对刀，建立工件坐标系。

（7）输入程序。

（8）校验程序。

（9）加工零件。

（10）测量加工后的零件尺寸。

（11）校正刀具磨损值。

（12）零件加工合格后，对机床进行清扫及保养。

（13）按照工具、刀具、量具清单归还相应的工具、刀具、量具。

（14）填写工作日志并关闭系统电源和机床电源。

2. 零件加工注意事项

（1）严格按照以上操作步骤进行加工操作。

（2）切记先对刀，然后输入程序再进行程序校验。

（3）运行程序时先用单段方式进行加工，完成第一刀切削且确认无误后方可切换到自动运行模式进行加工。

（4）加工时操作人员要佩戴护目镜，加工过程中注意将防护门关闭。

（5）机床加工时只允许单人操作，在出现紧急情况时应马上按下"急停"按钮。

（6）注意观察刀具的切削情况。

四、检验评价

加工完成后，对零件进行去毛刺和尺寸检测，最后填写检测评分表，见表5-3。

表5-3　综合零件加工检测评分表

工件编号		加工时间		得分	
评价项目	技术要求	配分	评分标准		得分
程序与工艺 （15%）	程序编写正确完整	5	不规范处每处扣1分		
	切削用量合理	5	不合理处每处扣1分		
	工艺过程规范合理	5	不合理处每处扣1分		
机床操作 （15%）	刀具选择及安装正确	5	不正确处每处扣1分		
	工件装夹正确	5	不正确处每处扣1分		
	对刀及坐标系建立正确	5	不正确处每处扣1分		
零件质量 （45%）	零件形状正确	5	不正确处每处扣1分		
	尺寸精度符合图纸要求	35	不正确处每处扣2分		
	无毛刺、划痕	5	按实际情况扣分		
文明生产 （15%）	安全操作	5	不合格不得分		
	佩戴护目镜	5	未佩戴不得分		
	机床清扫与保养	5	不合格不得分		

続表

评价项目	技术要求	配分	评分标准	得分
职业素养 （10%）	数控加工机床知识	2.5	酌情给分	
	自学能力	2.5	酌情给分	
	团队协作	2.5	酌情给分	
	工具、量具正确使用	2.5	酌情给分	

项目小结

本项目首先提出了对综合零件进行数控车削加工工艺设计和编程的任务，然后详细介绍了完成该任务必须掌握的相关知识。最后设计目标零件的加工工艺并编写数控程序，利用机床自带的仿真功能进行校验和优化，在实际机床上加工出合格的零件。

课后习题

请完成图 5-3 所示综合零件加工程序的编写。

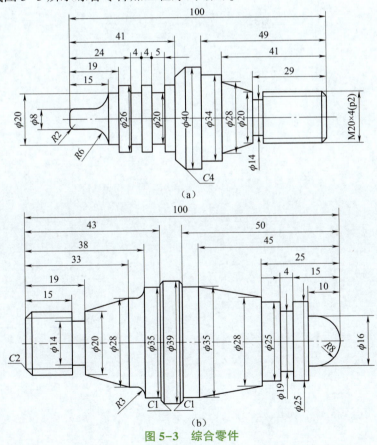

图 5-3　综合零件

下篇　数控铣床

项目六　凸台零件加工

项目描述

　　本项目对凸台零件进行加工。通过学习，应掌握数控系统手工编程方法及标准坐标系的设定原则，掌握数控编程中部分功能指令的作用、指令格式、程序结构及程序中各参数的含义，尤其应熟练掌握数控铣床的操作面板及功能。熟练使用华中HNC-818D型数控铣床，独立完成凸台零件加工。

项目分析

　　（1）凸台零件1如图6-1所示，利用数控铣床进行凸台零件加工。毛坯为80 mm×80 mm×25 mm的铝合金。

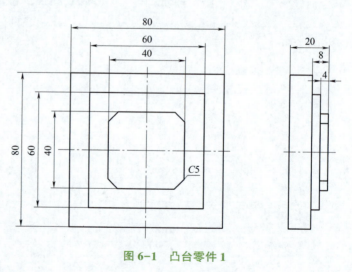

图 6-1　凸台零件 1

　　（2）凸台零件2如图6-2所示，利用数控铣床进行凸台零件加工。毛坯为80 mm×80 mm×25 mm的铝合金。

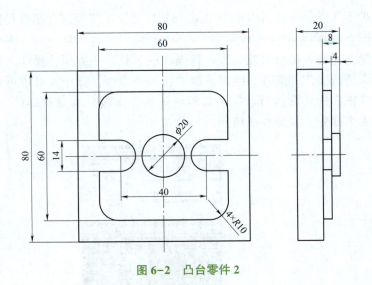

图 6-2　凸台零件 2

项目目标

1. 知识目标

（1）掌握数控铣床编程的内容及方法。
（2）掌握数控铣床程序的构成及各参数的含义。
（3）掌握数控铣床编程各坐标系、坐标轴及相关点的定义。
（4）学会使用数控加工基本指令、单一循环指令、复合循环指令进行编程。

2. 能力目标

（1）能够熟练装夹工件、刀具，灵活使用量具。
（2）能够熟练进行铣床的基本操作。
（3）学会正确对刀。
（4）学会检测并修正刀具磨损值。

3. 素养目标

（1）具有较强的自我控制能力和团队协作能力。
（2）具有较强的责任感和认真的工作态度。
（3）服从安排、遵守纪律，具备环保意识。

知识储备

一、数控铣床操作面板组成

华中 HNC-818D 数控系统采用彩色液晶显示屏和内装式 PLC，可与多种伺服驱动单元配套使用，具有开放性好、结构紧凑、集成度高、可靠性好、性价比高、易于操作和维护等优点。本项目以华中 HNC-818D 数控系统为例介绍数控铣床操作面板组成，如图 6-3 所示。

操作面板是操作人员对数控机床进行操作的工具，一方面，操作人员可以通过它对数控铣床进行操作、编程、维护、调试；另一方面，操作人员也可以通过它了解或查看数控铣床的实际运行状态。数控铣床操作面板分为显示屏区、键盘键区、操作按键区 3 个部分，如图 6-3 所示。

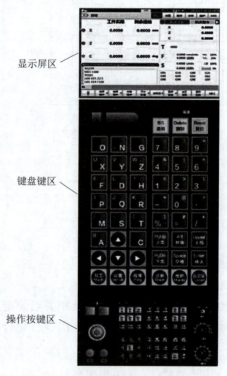

显示屏区

键盘键区

操作按键区

图 6-3　数控铣床操作面板组成

二、数控铣床基本操作

华中 HNC-818D 数控系统是数控铣床的 CNC 控制装置，其操作面板上配置有手动、自动、单段、MDI、增量/手轮、回零 7 种工作方式按键。在数控机床的操作过程中，这 7 种工作方式的功能说明及应用见表 6-1。

表 6-1　华中 HNC-818D 数控系统工作方式的功能说明及应用

工作方式	功能说明	功能应用
手动	通过手动按键控制机床轴连续运动，以及辅助动作控制等	零件加工前的准备工作及简单的加工工作等
自动	机床根据编辑的程序连续自动运行	零件的连续自动加工、程序校验等
单段	机床根据编辑的程序逐段自动运行	加工位置检查及程序校验
MDI	机床运行手动输入的程序	简单零件的自动加工及坐标设置等

工作方式	功能说明	功能应用
增量/手轮	通过按键或手轮，精确操控机床的轴运动	对刀操作或简单零件的手动加工等
回零	控制机床各轴回到机床参考点的位置	开机后校准机床位置等

三、数控铣床基本功能

在不同工作方式下完成不同的工作，常需配合使用相应的应用功能。华中 HNC-818D 数控系统的数控（NC）面板上，配有加工、设置、程序、诊断、维护、自定义（MDI）6 个功能按键。每个功能按键对应一组功能集。每组功能集可通过功能软键选择相应的功能及界面。各功能集的功能说明及内容见表 6-2。

表 6-2　各功能集的功能说明及内容

功能集	功能说明	功能内容
加工	自动加工操作所需的功能	编辑新程序，编辑当前加载程序，编辑选择程序，加工程序选择，程序校验，对刀操作，刀补设置，图形设置，显示切换，用户宏，加工信息，参数配置（用户）
设置	刀具设置相关的操作功能	对刀操作、刀补设置、坐标设置、刀具寿命管理、刀具自动测量、螺纹修复
程序	用户程序管理功能	编辑新程序，从系统盘、U 盘、网盘中选择、复制、粘贴、删除程序，程序改名、排序、设置标记
诊断	故障诊断、性能调试、智能化功能	（1）故障诊断功能：报警信息、报警历史、梯形图、PLC 状态、宏变量、日志等。（2）性能调试功能：伺服调整。（3）智能化功能：二维码、故障录像、丝杠负荷检查等
维护	硬件设置、参数设置、系统升级、基本信息、数据管理等维护相关的功能	（1）系统硬件设备配置及配置顺序设定功能：设备配置。（2）通用参数的设置功能：参数设置。（3）用户选配参数的设置功能：参数配置。（4）系统升级及调试功能：批量调试、数据管理、系统升级、权限管理、用户设定。（5）注册、基本信息等功能：注册、机床信息、系统信息、工艺包、时间设定
自定义（MDI）	手动数据输入操作的相关功能	暂停、清除、保存、输入

四、数控铣床操作面板显示屏区说明

图 6-4 为华中 HNC-818D 型数控铣床加工功能显示界面，本系统显示界面主要

有加工显示界面、程序选择及编辑界面、加工设置界面、参数设置界面、故障报警显示界面等。可通过界面了解系统当前状态及信息，也可通过对话区域进行人机对话，实现命令输入及参数设置等操作。

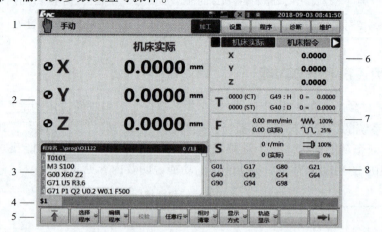

图 6-4　华中 HNC-818D 型数控铣床加工功能显示界面

1—标题栏；2—图形显示窗口；3—G 代码显示区；4—输入框；5—菜单命令条；
6—轴状态显示；7—辅助机能；8—G 模态及加工信息区

（1）标题栏。

①工作方式：系统工作方式根据机床控制面板上相应按键的状态可在自动（运行）、单段（运行）、手动（运行）、增量（运行）、回零、急停之间切换。

②系统报警信息。

③0 级主菜单名：显示当前激活的主菜单按键。

④U 盘连接情况和网络连接情况。

⑤系统标志和时间。

（2）图形显示窗口：这块区域显示的画面，根据所选菜单键的不同而不同。

（3）G 代码显示区：预览或显示加工程序的代码。

（4）输入框：可在该栏键入需要输入的信息。

（5）菜单命令条：通过菜单命令条中对应的功能键可完成系统功能的操作。

（6）轴状态显示：显示轴的坐标位置、脉冲值、断点位置、补偿值、负载电流等。

（7）辅助机能：T/F/S 信息区。

（8）G 模态及加工信息区：显示加工过程中的 G 模态及加工信息。

五、数控铣床操作面板功能键区说明

图 6-5 为华中 HNC-818D 型数控铣床操作面板功能键区界面，系统可通过功能按键实现不同的应用功能，同时显示相应的界面，主要包括加工、设置、程序、诊断、维护等功能显示界面。通过对话区域进行人机对话，可实现命令输入及参数设置等操作。

图 6-5　华中 HNC-818D 型数控铣床操作面板功能键区界面

1. 加工功能显示界面

图 6-6 为华中 HNC-818D 型数控铣床加工功能显示界面，主要显示加工零件所需的全部功能。该功能集包括选择程序、编辑程序、校验、任意行等功能。

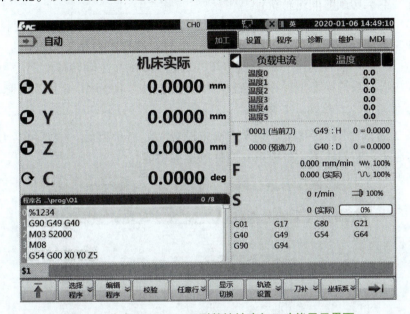

图 6-6　华中 HNC-818D 型数控铣床加工功能显示界面

（1）选择程序：从目标盘（系统盘、U 盘、用户盘、网盘）中选择程序加载为加工程序，也可通过后台编辑，选择程序进行编辑或编辑新创建的程序。

（2）编辑程序：编辑被加载的程序，即当前加工程序。若程序正在运行过程中则不可编辑。

（3）校验：在"自动"或"单段"工作方式下开启该功能，可快速校验当前加载程序，检测程序运行中编程、语法等报警。

（4）任意行：在"自动"工作方式下指定程序从任意行开始运行。

（5）显示切换：循环切换显示大字坐标+程序、联合坐标、图形+程序、程序。

（6）轨迹设置：用于设置程序轨迹的视图切换、图形还原、轨迹颜色、图形中心、图形比例设置。

（7）刀补：在该功能子界面下可对刀具长度、长度磨损、半径、半径磨损等补偿值进行设置。加工功能集下的"刀补"，与设置功能集下的"刀补"功能及操作相同。

（8）坐标系：该功能可通过直接输入、当前值输入、增量输入方式设置工件坐标系的值。加工功能集下的"坐标系"，与设置功能集下的"坐标系"功能及操作相同。

（9）加工资讯：循环切换显示"加工信息"及"G 指令模态"的内容。

（10）宏变量：可显示、查询系统局部变量、通道变量、系统变量、轴变量、刀具变量、用户宏变量等。

（11）梯形图信息：查询梯形图中梯形图标题信息、符号表、IO 对照表、K 参数、定时器、计数器、报警设置，并修改设定。工艺文件能存储、查看加工程序的工艺卡片。

（12）加工统计：对工件需求、已完成、累计加工数量进行统计，对本次运行、累计运行、本次切削时间进行统计。

（13）二维码：将机床状态、工件统计、报警历史、故障诊断、调机报表、APP 下载、健康保障信息生成二维码，供手机 APP 端扫描查看。

（14）手动 MS：当程序中没有指令 F（分进给）/S（主轴转速）时，可通过该功能设定并当作系统模态量保存。当程序中已设定时，取程序设定值为模态量。

2. 设置功能显示界面

图 6-7 为华中 HNC-818D 型数控铣床设置功能显示界面，主要包括刀补、刀库、刀具寿命、断刀检测、坐标系、工件测量等功能。

图 6-7 华中 HNC-818D 型数控铣床设置功能显示界面

（1）刀补：在该功能子界面下可直接设置刀具长度补偿、半径补偿及半径磨损补偿值，也可通过"自动对刀"软键下的操作，设置刀具长度补偿值。设置功能集下的"刀补"，与加工功能集下的"刀补"功能及操作相同。

（2）刀库：刀库功能界面能对刀库刀号、加工模式进行显示，刀库配置功能界面能对刀库类型、刀库容量信息进行显示。

（3）刀具寿命：在该功能下可设置刀具寿命的管理方式及策略。

（4）坐标系：该功能可通过直接输入、当前值输入、增量输入方式设置工件坐标系的值，也可通过"工件测量"软键下的操作，将测量坐标值存入其中。设置功能集下的"坐标系"，与加工功能集下的"坐标系"功能及操作相同。

（5）工件测量：该功能实现对工件的中心测量、平面测量、圆心测量，并将测量结果存储进 G54~G59 及拓展坐标系中。具体操作步骤请参考本项目中"九、对刀"的介绍。

（6）手动 MS：手动 MS 按键是一个手动启动按钮，用于手动启动主轴电动机。在加工中心的自动加工过程中，通常是由数控系统控制主轴的启停和转速等参数。但是在某些情况下，如进行手动装夹、刀具测量、清洗等操作时，需要先手动启动主轴电动机，然后进行相应的操作。此时，可以通过按下主轴驱动器上的手动 MS 按键来手动启动主轴电动机。需要注意的是，手动启动时，应该确保夹具和刀具等装置已经固定好，以避免出现安全事故。

（7）自动对刀：该功能可实现单刀单工件、单刀多工件和多刀多工件三种应用场景下自动测刀长，并将测量值存入系统刀补表。

3. 程序功能显示界面

图 6-8 所示为华中 HNC-818D 型数控铣床程序功能显示界面，主要有程序文件的管理、新建等功能。该功能集包括 3 种存储路径选择方式、新建程序、查找、复制、粘贴、删除等功能。

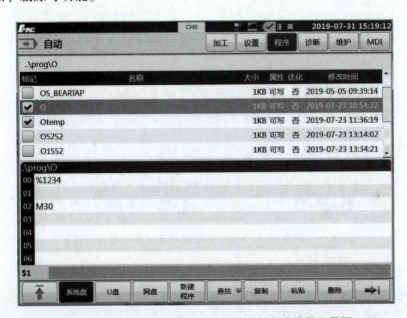

图 6-8　华中 HNC-818D 型数控铣床程序功能显示界面

（1）3 种存储路径选择方式：系统盘、U 盘、网盘。（程序文件管理时，程序的来源盘或目标盘。）

（2）新建程序：创建新的程序，其与加工功能集下编辑程序子界面的"新建"软键功能基本相同。

（3）查找：查找程序文件来源盘中的程序。

（4）复制、粘贴：可复制程序文件来源盘中的程序，并粘贴到目标盘中。

（5）删除：可删除程序来源盘中的程序文件。

（6）设置标记：标记程序来源盘中的程序，以便多程序的复制或粘贴。

（7）重命名：对程序来源盘中的程序重新命名。

（8）名称排序、时间排序：将程序来源盘中的程序，按程序名称中的字母或修改时间排序。

（9）新建目录：在程序目标盘中，创建新的程序目录。

（10）可写、只读：将程序文件设定为可写或只读属性。

（11）用户盘：本系统将储存卡（CF 卡）分为操作系统盘区、数控系统盘区、用户盘区，其中用户盘用于备份、存储等，与铣床操作无关。

4. 诊断功能显示界面

图 6-9 为华中 HNC-818D 型数控铣床诊断功能显示界面，主要有故障报警、故障诊断及机床调试等功能。该功能集包括报警信息、报警历史、梯形图、状态显示等功能。

图 6-9　华中 HNC-818D 型数控铣床诊断功能显示界面

（1）报警信息：显示当前的报警信息。

（2）报警历史：保存近期的报警信息，并可用下级菜单的"历史导出"软键将报警历史导出到 U 盘、用户盘。

（3）梯形图：该界面用于系统 PLC 的监控、编辑及 PLC 各个模块信息的设置及查询。

（4）状态显示：可显示、查看各类寄存器的状态。

（5）宏变量：可显示、查看各宏变量的值。

（6）伺服调整：通过伺服参数优化，能够提高机床在运动过程中的定位、重复定位精度及机床响应速度，从而提高加工质量和加工效率。

5. 维护功能显示界面

图 6-10 为华中 HNC-818D 型数控铣床维护功能显示界面，主要有参数配置、系统调试、机床信息等功能。该功能集包括设备配置、参数设置、参数配置、用户

设定等多种功能。

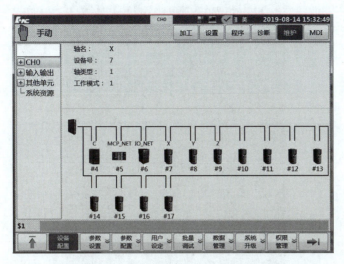

图 6-10 华中 HNC-818D 型数控铣床维护功能显示界面

（1）设备配置：查看驱动器、I/O、面板等硬件设备的编号及总线连接顺序。

（2）参数设置：该界面包含系统完整参数，可设置的参数类型有 NC 参数、机床用户参数、通道参数、轴参数、误差补偿参数、设备接口参数、数据表参数。

（3）参数配置：该界面下为用户常用参数，并按应用类型进行分类，以便用户设置时操作；该界面下参数类型有用户参数、轴参数、螺距补偿、IO 设备、本地主轴设备、总线轴设备、功能参数。

（4）用户设定：与用户应用相关的设定。该界面包含显示设定、P 参数、M 代码、PLC 开关、通信设定、个性化设定。

（5）批量调试：PLC、参数、固定循环、G 代码等文件的载入及备份。

（6）数据管理：各类型数据的载入、备份操作。

（7）系统升级：系统升级及备份操作。

（8）权限管理：不同权限管理人员的设置，不同权限对界面及菜单结构等有一定影响。

（9）空间补偿：空间误差补偿设置。

（10）时间设定：系统时间设置。

（11）工艺包：工艺包文件的载入或备份。

（12）机床信息：编辑或显示机床信息。

（13）系统信息：显示该系统的信息。

（14）注册：显示该机床的注册码及相关信息。

六、数控铣床操作面板键盘键区说明

图 6-11 为华中 HNC-818D 型数控铣床操作面板键盘键区，通过该键盘，可实现命令的输入及编辑。其大部分键具有双字符功能，同时按下"上档"键和双字符键，输入的是双字符键的上档字符。各按键的名称及功能见表 6-3。

图 6-11 华中 HNC-818D 型数控铣床操作面板键盘键区界面

表 6-3 华中 HNC-818D 型数控铣床操作面板键盘键区按键的名称及功能

按键	名称	功能
	字符键（字母、数字、符号）	输入字母、数字、符号。同时按下"上档"键和双字符键，输入上档字符，单独按字符键输入下档字符

按键	名称	功能
	光标移动键	控制光标上下、左右移动
%	%键	其下档键为主要键，可用于输入主程序、子程序的程序名符号
BS 退格	退格键	向前删除字符等
Delete 删除	删除键	删除当前程序字符等
Reset 复位	复位键	CNC 复位，进给、输入停止等
Alt 替换	替换键	当使用 Alt+"光标"时，可切换屏幕界面右上角的显示框（位置、补偿、电流等）内容
Upper 上档	上档键	使用双字符按键时，可以切换上、下档功能。同时按下"上档"键和双字符键时，上档字符有效
Space 空格	空格键	向后空一格
Enter 确认	确认键	输入打开及确认输入

续表

按键	名称	功能
PgUp 上页 PgDn 下页	翻页键	同一显示界面时，可实现上下页面的切换
加工 Mach 设置 Set Up 程序 Porg 诊断 Diagn 维护 Mainte 自定义 Custom	功能键	选择不同的模式
↑ … ● … →	软键	华中 HNC-818D 数控系统显示屏幕下方的 10 个无标识按键即为软键。在不同功能集或层级时，其功能对应屏幕上方显示的功能

七、数控铣床操作面板操作按键区说明

图 6-12 为华中 HNC-818D 型数控铣床操作面板操作按键区界面，各按键名称、功能及有效时的工作方式见表 6-4。

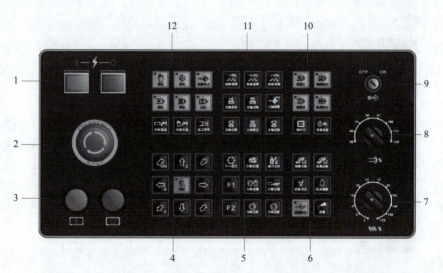

图 6-12　华中 HNC-818D 型数控铣床操作面板操作按键区界面

1—电源通断开关；2—急停按钮；3—循环启动/进给保持；4—手动控制轴进给键区；5—机床控制键区；

6—机床控制扩展键区；7—进给倍率旋钮；8—主轴倍率波段旋钮；9—程序保护开关；

10—运行控制键区；11—快移倍率控制键区；12—工作方式选择键区

表 6-4　华中 HNC-818D 型数控铣床操作面板操作
按键区按键的名称、功能及有效时的工作方式

按键	名称	功能	有效时的工作方式
手轮	手 轮 工 作 方 式键	选择手轮工作方式	手轮
回参考点	回 零 工 作 方 式键	选择回零工作方式	回零
手动	手 动 工 作 方 式键	选择手动工作方式	手动
MDI	MDI 工 作 方 式键	选择 MDI 工作方式	MDI
自动	自 动 工 作 方 式键	选择自动工作方式	自动
单段	单段开/关键	逐段运行或连续运行程序的切换。单段有效时，指示灯亮	自动、MDI（含单段）
程序跳段	程 序 跳 段 开关键	程序段首标有"/"符号时，切换该程序段是否跳过	自动、MDI（含单段）
选择停	选择停开关键	切换程序运行到 M00 指令时是否停止。若程序运行前已按下该键（指示灯亮），当程序运行到 M00 指令时，则进给保持，再按循环启动键才可继续运行后面的程序；若没有按下该键，则连续运行该程序	自动、MDI（含单段）

按键	名称	功能	有效时的工作方式
超程解除	超程解除键	取消铣床限位，按住该键可解除报警，并可运行机床	手轮、手动、增量
	循环启动键	程序、MDI 指令运行启动	自动、MDI（含单段）
	进给保持键	程序、MDI 指令运行暂停	自动、MDI（含单段）
-10% 快移倍率 100% 快移倍率 +10% 快移倍率	快移速度修调键	快移速度的修调	手轮、增量、手动、回零、自动、MDI（含单段、手轮模拟）
主轴正转 主轴停止 主轴反转	主轴控制键	主轴正转、反转、停止运行控制	手轮、增量、手动、MDI（含单段、手轮模拟）
	手动控制轴进给键	手动或增量工作方式下，控制各轴的移动及方向；手轮工作方式时，选择手轮控制轴；手动工作方式下，分别按下各轴时，该轴按工进速度运行，当同时按下快移速度修调键时，该轴按快移速度运行	手轮、增量、手动
	机床控制键	手动控制机床的各种辅助动作	手轮、增量、手动、回零、自动、MDI（含单段、手轮模拟）

按键	名称	功能	有效时的工作方式
F1 F2	机床控制扩展键	手动控制机床的各种辅助动作	机床厂家根据需要设定
	程序保护开关	保护程序不被随意修改	任何状态下均可使用
	急停按钮	紧急情况下，使系统和机床立即进入停止状态，所有输出全部关闭	任何状态下均可使用
	进给倍率旋钮	进给速度修调	自动、MDI、手动
	数控电子手轮脉冲发射器	控制机床运动。（当手轮模拟功能有效时，还可以控制机床按程序轨迹运行）	手轮
	系统电源开	控制数控装置上电	任何状态下均可使用
	系统电源关	控制数控装置断电	任何状态下均可使用

八、数控铣床基本操作方法

1. 开机、复位操作

检查铣床状态是否正常，电源、电压是否符合开机要求；右旋打开机床左侧主控电源 ，打开系统电源 ，进入数控系统界面；右旋拨起"急停"按钮 ，系统复位，当前对应的加工方式为"手动"。

2. 关机操作

首先按下"急停"按钮 ，然后关闭系统电源 ，最后左旋关闭机床主控电源 。

3. 急停、复位操作

在有危险时或已发生事故时按下"急停"按钮 ，危险解除后右旋拨起"急停"按钮，使系统复位。

4. 回参考点操作

按"回参考点"键 ，键内指示灯亮，再分别按+Z 键 及+X 键 +Y 键 ，刀架移至机床参考点。当所有坐标轴回参考点后，即建立起机床坐标系。

5. 超程解除操作

华中 HNC-818D 型数控铣床，当某一坐标轴超过软限位开关时，机床会停止动作，解除超程时，只需要将工作方式设置为"手动" 或"手轮" 模式，向超程轴的反方向移动即可消除超程报警。

6. 手动操作

（1）点动操作。

按"手动"键 选择手动方式，然后设定进给修调倍率，再按 手动控制轴进给键，使坐标轴连续移动；在点动进给时，同时按住"快进"键 不放，则实现相应移动轴正向或负向的快速移动。

（2）手轮进给。

按"手轮"键 选择手轮方式，然后取下机床电子手轮脉冲发射器，将移动轴挡位调至 X 轴、Y 轴或 Z 轴，倍率轴挡位调至×1、×10、×100 其中一个挡位，利用手轮正转或反转实现移动轴的正、反向移动。

（3）主轴控制。

按"手动"键 选择手动方式，按下并松开"主轴正转"键 或"主轴反转"键 ，主轴电动机运行，按一下"主轴停止"键 ，主轴电动机停止运转。"主轴正转""主轴反转""主轴停止"这 3 个键互锁。

（4）手动安装刀具。

先按"手动"键 选择手动方式，然后按机床转轴"刀具松紧"键 ，再将刀具安装到主轴上，最后按机床转轴"刀具松紧"键 ，即可完成数控铣床的刀具安装。

（5）手动数据输入（MDI）。

按 MDI 键 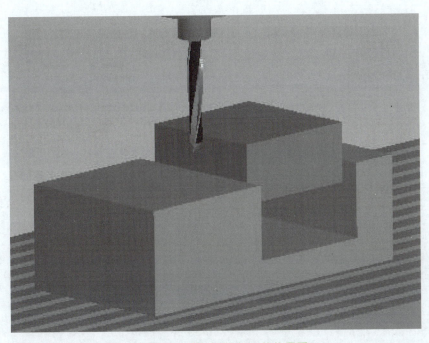选择 MDI 方式，此时面板显示进入 MDI 运行界面，在显示界面左下角，命令行中有光标闪烁。这时可以通过 NC 键盘输入并执行一个指令段。如发现输入错误，可以使用"退格"键 进行修改，确认无误后，将加工方式选择为"单段"方式 ，然后按"循环启动"键 完成手动数据 MDI 的输入并运行。

九、对刀

对刀有很多种方法，如试切法对刀、对刀仪对刀等，这里主要讲解手动试切法对刀。

1. 立铣刀 X 轴方向对刀操作

（1）选择 MDI 方式 ，输入"M03 S500"，按"循环启动"键 。

（2）选择"手动"方式 ，主轴快速移动靠近工件，选择"手轮"方式 ，X 轴靠近切削工件至图 6-13 所示位置，切削至有少量铁屑飞出，Z 轴移动至安全高度。

图 6-13　X 轴靠近切削工件位置图

（3）选择"设置"方式 ，进入图 6-14 所示设置显示界面，选择"工件测量" ，进入图 6-15 所示工件测量显示界面，选择"读测量值" ，读取 X 轴数值。

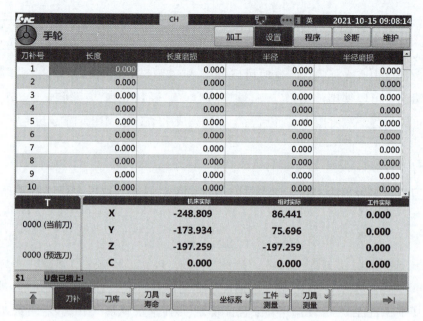

图 6-14 设置显示界面

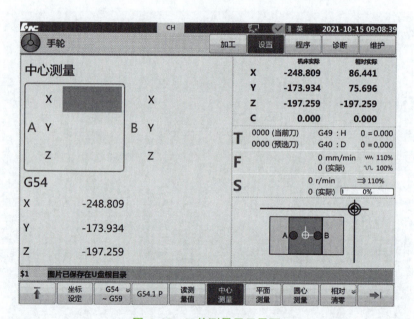

图 6-15 工件测量显示界面

（4）选择"手轮"方式，主轴移动至图 6-16 所示 X 轴另一侧，切削至有少量铁屑飞出，Z 轴移动至安全高度。

（5）在设置界面下，如图 6-17 所示，选择"读测量值"，读取 X 轴另一个数值。

图 6-16 *X* 轴另一侧靠近切削工件位置图

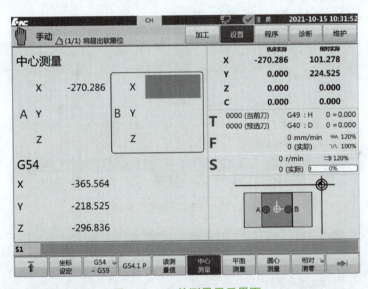

图 6-17 工件测量显示界面

2. 立铣刀 *Y* 轴方向对刀操作

（1）选择"手轮"方式，主轴移动至图 6-18 所示 *Y* 轴一侧，切削至有少量铁屑飞出，*Z* 轴移动至安全高度。

（2）在设置界面下，如图 6-19 所示，选择"读测量值"，读取 *Y* 轴数值。

（3）选择"手轮"方式，主轴移动至图 6-20 所示 *Y* 轴另一侧，切削至有少量铁屑飞出，*Z* 轴移动至安全高度。

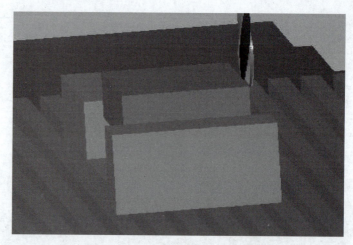

图 6-18　*Y* 轴靠近切削工件位置图

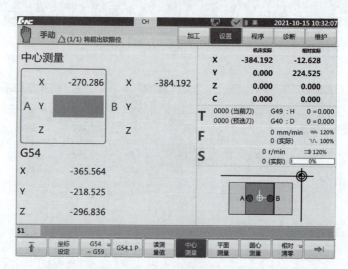

图 6-19　工件测量显示界面

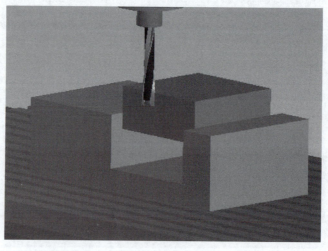

图 6-20　*Y* 轴另一侧靠近切削工件位置图

（4）在设置界面下，如图 6-21 所示，选择"读测量值" 读测量值 ，读取 Y 轴另一个数值。

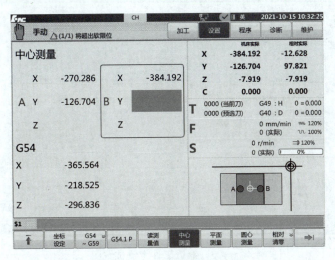

图 6-21　工件测量显示界面

完成 X、Y 轴数值测量后，在"读测量值"界面下，选择"坐标设定" 坐标设定 ，如图 6-22 所示完成坐标设定。

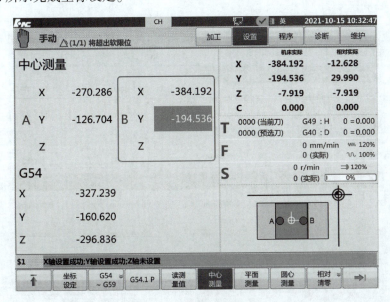

图 6-22　坐标设定界面

3. 立铣刀 Z 轴方向对刀操作

（1）选择"手轮"方式 ，主轴移动至图 6-23 所示工件的上侧，切削至有少量铁屑飞出，Z 轴不动。

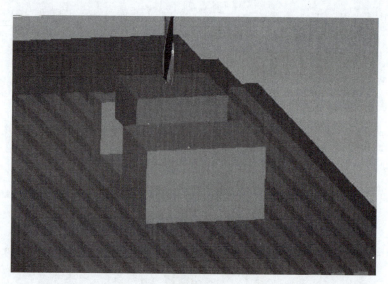

图 6-23　靠近工件上侧位置图

（2）选择"设置"方式 ，进入设置界面，选择"坐标系"进入图 6-24 所示坐标系显示界面，选择"当前输入" ，按"确认"键 ，完成立铣刀 Z 轴对刀操作。

				CH				英		2021-10-15 09:09:54

手轮				加工	设置	程序	诊断	维护

外部零点偏置		相对坐标系			机床实际			相对实际
X	0.000 mm	X	-335.250 mm	X	-337.409	X	-2.159
Y	0.000 mm	Y	-249.630 mm	Y	-228.534	Y	21.096
Z	0.000 mm	Z	0.000 mm	Z	-197.259	Z	-197.259
				C	0.000	C	0.000

G54		G55		G56		G57	
X	-293.109 mm	X	0.000 mm	X	0.000 mm	X	0.000 mm
Y	-201.234 mm	Y	0.000 mm	Y	0.000 mm	Y	0.000 mm
Z	-197.259 mm	Z	0.000 mm	Z	0.000 mm	Z	0.000 mm

\$1　是否将当前位置设为选中工件坐标系零点?(Y/N)

⬆	当前输入	测量	增量输入	G54~G59	G54.1 P	相对清零	全部清零	➡

图 6-24　坐标系显示界面

十、程序编辑

1. 新建程序

选择"加工"方式 ，进入图 6-25 所示加工模式显示界面，选择"编辑程序"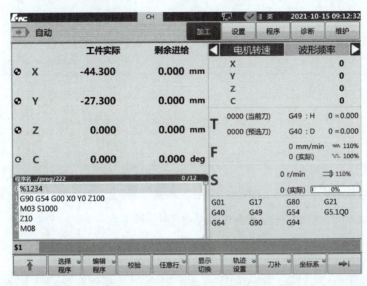，进入图 6-26 所示编辑程序子界面，在子界面下选择"新建"，按下方输入框提示请输入文件名: O 321，输入新建文件名称（字母或数字），按"确认"键，确认新建名称，进入图 6-27 所示程序编辑子界面，按零件图纸要求完成程序编写，按"保存文件"，再按"确认"键完成程序新建。

图 6-25　加工模式显示界面

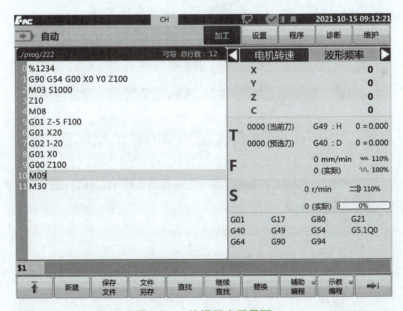

图 6-26　编辑程序子界面

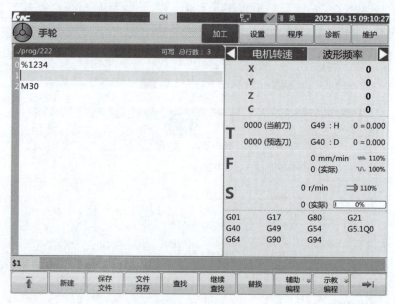

图 6-27 程序编辑子界面

2. 程序选择

选择"加工"方式 ![加工Mach]，进入加工方式，选择"选择程序"进入图 6-28 所示选择程序子界面，按键盘键区的"光标移动"键 ![光标移动] 选择加工的程序，底色为蓝色的即为需要选择的程序，按"确认"键 ![Enter确认] 确认，完成程序选择。

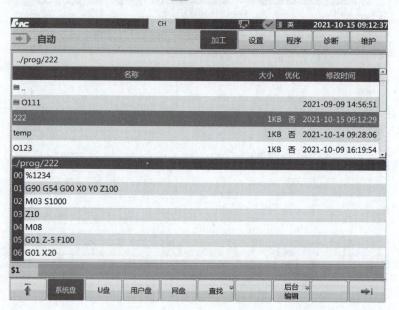

图 6-28 选择程序子界面

3. 程序校验

加工方式中选择"自动"，选择"加工"方式，进入加工方式界面，在加工界面中选择"校验程序"，进入图 6-29 所示校验程序子界面，再选择"轨迹设置"，进入图 6-30 所示校验轨迹显示界面，按机床操作按键区的"循环启动"键，校验程序。

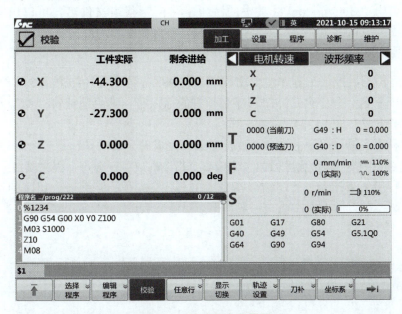

图 6-29　校验程序子界面

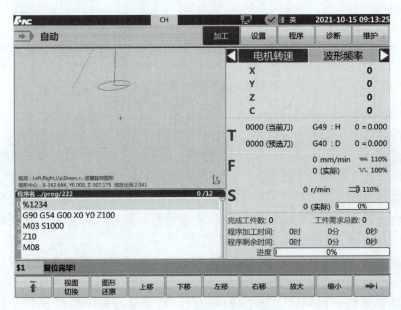

图 6-30　校验轨迹显示界面

十一、数控加工程序的组成和格式

1. 程序的文件名

CNC 装置可以装入许多程序文件，以磁盘文件的方式读写。数控系统通过调用文件名来调用程序，进行编辑或加工。

文件名为"O＊＊＊＊"，其中的"＊＊＊＊"代表文件名，可以由字母和数字组合而成，也可以由纯字母或纯数字组成，字母大小写均可。

2. 程序的构成

一个完整的数控加工程序主要由程序名、程序主体和程序结束指令三部分组成。

（1）程序名。程序名是一个程序必须有的标识符，其由地址符"%"及后带的若干位数字组成，如%1234、%2345 等。

（2）程序主体。程序主体表示数控加工要完成的全部动作，是整个程序的核心，由许多程序段组成，每个程序段由一个或多个指令构成，一般每个程序段占一行。

（3）程序结束指令。程序结束指令 M02 或 M30 可以结束整个程序的运行，一般要求单列一行。加工程序格式一般如下。

```
%1234                （程序名）
N1  M06 T01      ┐
N2  M03 S800      │
N3  M08           │
N4  G00 X __  Z __ │
…                  ├  （程序主体）
N10 G00 X100      │
N11 Z100          │
N12 M09           │
N13 M05           ┘
N14 M30              （程序结束指令）
```

3. 程序段的构成

程序段格式有可变程序段格式、固定程序段格式、分隔地址格式等多种，目前使用最多的是可变程序段格式，又称字地址格式。这种格式的程序段由若干程序字组成，通常以地址符 N（程序段号或顺序号）加后续数字开头，以程序段结束标记（常使用"；"）结束，如"N__ G__ X__ Y__ Z__ F__ T__ M__ S；"。

一个程序段定义一个由数控装置执行的指令行。程序段的格式定义了每个程序字的句法，如图 6-31 所示。

程序段中各程序字的字长不固定，排列顺序也没有严格的要求，不需要的程序字或与上一个程序段重复的模态程序字可以不写，因此程序段的长度是可变的。书写、打印和屏幕显示程序时，每个程序段占一行，多行程序段组成一个数控加工程序。

程序段中不同的指令字符及其后续数值确定了每个指令字的含义。数控程序段中包含的主要指令字符见表 6-5。

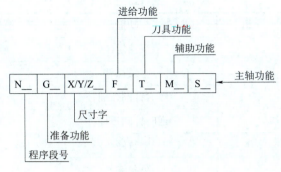

图 6-31 程序段构成

表 6-5 指令字符

功能	地址	含义
程序号	O,%, P	程序号
程序段号	N	程序段顺序号
准备功能	G	定义运动方式（直线、圆弧等）
尺寸字	X，Y，Z，A，B，C，U，V，W	坐标轴的移动命令值
	R	圆弧半径
	I，J，K	圆心相对于起点的坐标
进给功能	F	定义进给速度
刀具功能	T	定义刀具编号
辅助功能	M	定义机床的辅助动作
主轴功能	S	定义主轴转速

（1）程序号。程序号是加工程序的代号和识别标志，由地址符和 4 位数字组成。不同的数控系统，程序号的地址符也有所差别，常用地址符有"O""%""P"，如 O0001。书写时必须位于程序开头，并单独作为一个程序段。

（2）程序段号。程序段号又称顺序号或程序段序号。程序段号位于程序段之首，由程序段号字母 N 和后续数字组成。程序段号 N 是地址符，后续数字一般为 1~4 位正整数。数控加工中的程序段号实际上是程序段的名称，与程序执行的先后次序无关。数控系统不是按顺序号的次序执行程序，而是按照程序段编写时的排列顺序逐段执行。

书写程序段号的目的是在程序校验修改时，程序段号可以作为查找条件，即作为程序段的名称快速查找需要修改的程序段。

（3）准备功能。准备功能 G 代码由字母 G 和其后的一位或两位数字组成，它用来规定刀具和工件的相对运动轨迹、机床坐标系、刀具补偿等多种加工操作功能。HNC-818D 数控铣床系统准备功能 G 代码见表 6-6。

表 6-6　准备功能 G 代码

G 代码	组	功能	参数（后续地址符）
G00	01	快速定位	X，Z
G01		直线插补	X，Z
G02		顺时针圆弧插补	X，Z，I，K，R
G03		逆时针圆弧插补	X，Z，I，K，R
G04	00	暂停	P
G20	08	英制输入	—
G21		公制输入	
G32	01	螺纹切削	X，Z，R，E，P，F
G36	17	直径编程	—
G37		半径编程	
G40	09	刀具半径补偿取消	—
G41		刀具半径左补偿	
G42		刀具半径右补偿	
G54～G59	11	坐标系选择	—
G71	06	外圆/内圆车削复合循环	X，Z，U，W，C，P，Q，R，E
G72		端面车削复合循环	
G73		闭环车削复合循环	
G76		螺纹切削复合循环	
G80	01	外圆/内圆车削固定循环	X，Z，I，K，C，P，R，E
G81		端面车削固定循环	
G82		螺纹切削固定循环	
G90	13	绝对值编程	—
G91		增量值编程	
G94	14	每分钟进给量	—
G95		每转进给量	
G96	16	恒线速度有效	S
G97		取消恒线速度	

（4）尺寸字。尺寸字用来确定刀具移动目标点的坐标值，坐标尺寸字的格式为 X __　Y __　Z __。

（5）进给功能。进给功能 F 指令表示工件被加工时刀具相对于工件的合成进给速度，F 指令用于控制切削进给量，在程序中有两种使用方法。

①每分钟进给量指令 G94。

编程格式：G94 F __，F 后面的数值表示每分钟的切削进给量，单位为

mm/min。

②每转进给量指令 G95。

编程格式：G95 F __，F 后面的数值表示主轴每转的切削进给量或切削螺纹时的螺距，单位为 mm/r。

说明：G94 和 G95 指令都是用于指定进给速度 F 的单位。G94 为每分钟进给量指令。对于线性轴，F 的单位按照 G20/G21 指令的设定为 mm/min 或 in/min；对于旋转轴，F 的单位为（°）/min。G95 为每转进给量指令，即主轴转一周时刀具的进给量，F 的单位按照 G20/G21 指令的设定为 mm/r 或 in/r。这个功能只有在主轴装有编码器时才能使用。G94 和 G95 指令可互相注销。

（6）刀具功能。刀具功能 T 指令用于指定加工所用刀具和相关参数。在数控车床上，地址符 T 后跟四位数字，前两位表示刀具号，后两位表示刀具补偿号；在数控铣床、镗床或加工中心上，地址符 T 后跟两位数字，表示刀具号。刀具长度补偿和半径补偿分别用 H 和 D 表示。

（7）辅助功能。辅助功能 M 指令由地址符 M 及其后的数字组成，主要用于控制加工程序的走向、机床各种辅助开关动作，以及指定主轴启动、主轴停止、程序结束等辅助功能。

辅助功能 M 指令有非模态 M 指令和模态 M 指令。模态指令是指在某一程序段中指定后，其定义的功能或状态保持有效，直到被同组的另一功能指令注销为止；非模态指令是指指令定义的功能或状态只在书写了该指令的程序段中有效。表 6-7 所示为数控系统常用的 M 指令。

表 6-7　常用 M 指令功能

指令	功能	模态/非模态
M00	程序暂停	非模态
M01	选择暂停	非模态
M02	程序结束	非模态
M03	主轴正转	模态
M04	主轴反转	模态
M05	主轴停止	模态
M07	出屑开	模态
M08	冷却液开	模态
M09	冷却液关	模态
M30	程序结束并返回开头	非模态
M98	子程序调用	
M99	子程序结束	

（8）主轴功能。主轴功能 S 指令由地址符 S 及其后的若干数字表示，用于指定主轴的转速或切削速度的大小，但用于不能启动主轴，必须用 M03 或 M04 指令才能使主轴转动。S 指令属于模态指令，在程序中指定后，实际主轴转速可通过控制面

板上的主轴倍率旋钮进行调节，单位为 r/min。

十二、常用数控指令

1. 单位设定指令

单位设定指令为 G20，G21。

（1）编程格式。

程序中直接输入 G20 或 G21 可进行公、英制输入方式切换。

（2）作用。

用于设定输入尺寸的单位。

（3）说明。

①G20 指令指定英制尺寸输入方式，在该方式下输入的线性尺寸单位为 in。

②G21 指令指定公制尺寸输入方式，在该方式下输入的线性尺寸单位为 mm。

③G20，G21 为模态指令，可以相互注销，机床未指定 G20 英制输入方式时，机床默认为 G21 公制输入方式。

2. 编程方式指令

绝对坐标编程指令 G90、相对坐标编程指令 G91。

（1）编程格式。

程序中直接输入 G90 或 G91 可进行绝对坐标编程或相对坐标编程方式切换。

（2）作用。

用于设定输入坐标尺寸的参照点。

（3）说明。

①G90 指令表示采用绝对坐标编程方式，即编程时输入的点坐标值是相对于工件坐标系原点的变化量。

②G91 指令表示采用相对坐标编程方式，即编程时输入的点坐标值是相对于前一个坐标的变化量。

③G90，G91 为模态指令，可以相互注销，机床未指定 G91 相对坐标编程方式时，机床默认为 G90 绝对坐标编程方式。

④G90 指令后的 X，Z 参数表示绝对坐标值（即点的实际坐标），G91 指令后的 X，Z 参数表示相对坐标值（相对于前一个点的坐标变化量）。

⑤不使用 G90，G91 指令时，X，Z 代表绝对坐标编程方式；U，W 代表相对坐标编程方式。

3. 常用基本加工指令

1）工件坐标系指令（G54～G59）

（1）编程格式。

G54（G55～G59）

（2）作用。

该指令用来指定零件在机床坐标系中的位置。数控铣床预置了 6 个坐标系，分别用指令 G54～G59 来选用。每个工件坐标系的原点坐标都是通过对刀操作获得的相对于机床坐标原点的偏置值，通过输入或测量方式寄存在存储器中的相应位置，然后通过数控程序中 G54~G59 指令的选择调用所需的工件坐标系。

（3）说明。

G54~G59 都是模态指令，该指令执行后，所有坐标值指定的坐标及尺寸都与所选工件坐标系中的位置对应。

2）快速定位指令 G00

（1）编程格式。

G00 X＿ Y＿ Z＿

（2）作用。

使刀具以点定位的控制方式从刀具所在点快速移动到终点，运动过程中不进行切削加工。

（3）参数含义。

X＿ Y＿ Z＿表示刀具以快速移动的方式到达的终点坐标，即刀具运动终点在工件坐标系中的坐标值。

（4）说明。

①G00 指令的执行过程：刀具由运动起点快速移动到终点，移动速度不以给定的 F 值速度为准，从而实现快速点定位。

②刀具的实际运行路线不一定是直线，也可能是折线。这与机床设定的各轴最大的进给速度即实际位移有关，因此在使用时要特别注意刀具是否会和工件发生干涉。

③G00 指令一般用于加工前的快速定位或加工后的快速退刀，移动速度可通过操作面板上的"快移速度修调"键修正。

3）直线插补指令 G01

（1）编程格式。

G01 X＿ Y＿ Z＿ F＿

（2）作用。

使用刀具以补偿的方式按照指定的进给速度从起点运动到终点，从而实现两点之间的直线运动，运动过程中可以进行切削加工。

（3）参数含义。

X＿ Y＿ Z＿表示刀具以直线插补的方式到达的终点坐标，即刀具以给定的进给速度做直线插补运动的工件坐标系中的终点坐标值。

F＿表示刀具做直线插补运动时的进给速度，若在前面程序段中已指定，则可以省略。

（4）说明。

①F 设定每分钟进给量。

②G01 指令必须指定进给速度。

4）圆弧指令 G02/G03

（1）编程格式。

G02/G03 X(I)＿ Y(J)＿ Z(K)＿ R＿

（2）作用。

使刀具在指定的平面内，按照程序设定的进给速度和半径值进行圆弧插补。

（3）参数含义。

X__ Y__ Z__表示刀具以圆弧插补的方式到达的终点坐标值，即刀具以给定的进给速度做圆弧插补运动的工件坐标系中的终点坐标值。

I__ J__ K__表示刀具以圆心相对于圆弧起点在 X，Y，Z 轴方向上的增量值。

R__表示圆弧半径。当圆弧始点到终点移动的角度小于 180°时，半径 R 取正值；当圆弧始点到终点移动的角度超过 180°时，半径 R 取负值；正好等于 180°时，R 取正负值均可。

（4）说明。

①顺时针或逆时针方向的判断可根据右手笛卡儿直角坐标系确定，从垂直于圆弧所在平面的坐标轴的正方向向负方向看去，看到的回转方向为顺时针方向时用 G02 指令，反之逆时针方向用 G03 指令。

②当一个程序段同时出现 R，I，K 时，R 有效。

③整圆编程时不能用 R 设定，只能用 I，J，K 设定，I，J，K 为零时可以省略。

5）刀具半径补偿指令 G41/G42，取消刀具半径补偿指令 G40

（1）编程格式。

G01 G41/G42 D__ X__ Y__ F__

G01 G40 X__ Y__

（2）作用。

使刀具在指定的轮廓线上偏置一个刀具半径。

（3）参数含义。

G41 表示刀具半径左补偿指令。

G42 表示刀具半径右补偿指令。

G40 表示取消刀具半径补偿指令。

D__表示调用刀具的补偿号。

X__表示 X 轴方向的坐标值。

Y__表示 Z 轴方向的坐标值。

F__表示进给速度。

①G41 为刀具半径左补偿指令，即沿着刀具前进的方向看去，刀具位于工件的左侧，为左补偿（见图 6-32（a））。

②G42 为刀具半径右补偿指令，即沿着刀具前进的方向看去，刀具位于工件的右侧，为右补偿（见图 6-32（b））。

③G40 为刀具半径取消指令，用于取消 G41，G42 指令。G40，G41，G42 是模态指令，相互之间可注销。

（4）说明。

①在进行刀具半径补偿前，如果在 G17 工作平面下进行刀具补偿，则 G17 可以省略不写；如果不是 G17 平面，则必须使用 G18 或 G19 指令指定刀具半径补偿的工

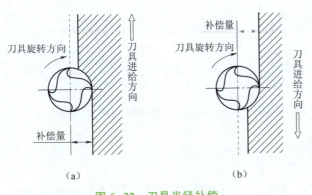

图 6-32　刀具半径补偿

（a）左补偿：G41；（b）右补偿：G42

作平面。平面选择指令的切换必须在补偿取消方式下进行，若在补偿方式下进行，则会提示报警。

②刀具半径补偿的建立和取消必须与 G01 或 G00 指令组合完成，不能使用圆弧插补指令 G02 或 G03。

③X，Y 是 G01，G00 指令运动的目标终点坐标，即刀具补偿建立或取消的终点。

④D 为刀具补偿号，又称刀具偏置代号地址字，后面常用两位数字表示，一般包括 D00~D99。D 代码中存放的刀具半径值为刀具的偏置量，用于数控系统计算刀具中心的运动轨迹。

项目实施

凸台零件的数控加工。

一、加工准备

1. 机床选择

选用装有华中 HNC-818D 数控系统的数控铣床。

2. 工具、量具及毛坯

加工本项目零件所需的工具、刀具、量具及毛坯清单见表 6-8。

表 6-8　工具、刀具、量具及毛坯清单

序号	名称	规格	数量
1	游标卡尺	0~150 mm/0.02 mm	1 把
2	外径千分尺	0~25 mm/0.01 mm	1 把
3	外径千分尺	25~50 mm/0.01 mm	1 把
4	深度尺	0~100 mm/0.02 mm	1 把

序号	名称	规格	数量
5	立铣刀	ϕ10 mm	1 把
6	刀柄	BT40	1 把
7	精密虎钳	50 mm×150 mm×200 mm	1 个
8	工具	虎钳扳手	1 副
9	标准垫铁		1 块
10	毛坯	材料为铝合金，尺寸为 80 mm×80 mm×25 mm	2 块
11	其他辅助工具	铜皮、毛刷、护目镜等	1 套

3. 工艺分析

1）凸台零件 1 工艺分析

（1）根据图 6-1 所示零件形状，用 ϕ10 mm 立铣刀粗铣，其加工路线为切削 60 mm×60 mm 方形凸台，切削深度为 8 mm，分层切削每层加工深度为 0.5 mm→切削 40 mm×40 mm 方形凸台，切削深度为 4 mm，分层切削每层加工深度为 0.5 mm；所留精铣余量为 0.2 mm。

（2）用 ϕ10 mm 立铣刀精铣，其加工路线为切削 60 mm×60 mm 方形凸台，切削深度为 8 mm→切削 40 mm×40 mm 方形凸台，切削深度为 4 mm。

2）凸台零件 2 工艺分析

（1）根据图 6-2 所示零件形状，用 ϕ10 mm 立铣刀粗铣，其加工路线为切削 60 mm×60 mm 方形凸台，切削深度为 8 mm，分层切削每层加工深度为 0.5 mm→切削 ϕ20 mm 圆形凸台，切削深度为 4 mm，分层切削每层加工深度为 0.5 mm；所留精铣余量为 0.2 mm。

（2）用 ϕ10 mm 立铣刀精铣，其加工路线为切削 60 mm×60 mm 方形凸台，切削深度为 8 mm→切削 ϕ20 mm 圆形凸台，切削深度为 4 mm。

凸台零件数控加工工序卡见表 6-9。

表 6-9　凸台零件数控加工工序卡

数控加工工序卡		零件图号	零件名称		材料	设备
			凸台零件		铝合金	数控铣床
工步号	工步内容	刀具号	刀具名称	刀具规格	主轴转速/$(r \cdot min^{-1})$	进给速度/$(mm \cdot min^{-1})$
1	粗铣	T01	立铣刀	ϕ10 mm	1 200	700
2	精铣	T01	立铣刀	ϕ10 mm	1 500	400

二、数控程序编制

本项目提供的毛坯为 80 mm×80 mm×25 mm 的铝合金板料，按图纸尺寸要求，首先在加工时需要考虑装夹工件的高度，避免在加工过程中由于装夹不当导致撞刀现象的发生。其次在加工时采用分层切削的方式进行加工，每次修改加工深度。

1. 凸台零件 1 数控加工程序编写

（1）60 mm×60 mm 凸台粗铣程序。

```
%1234                                            (程序名)
N10 G90 G54 G00 X-50 Y-50 Z100      (确定编程方式,设立工件坐标系)
N20 M03 S1200                  (主轴正转,主轴转速为 1 200 r/min)
N30 G00 Z5                                  (快速定位至加工起点)
N40 G01 Z-0.5 F200      (以直线插补的方式下降至工件表面-0.5 mm处)
N50 G01 G41 D01 X-30 Y-50 F700        (建立刀具半径补偿)
N60 G01 Y30
N70 X-30
N80 Y-30
N90 X-50
N100 G01 G40 Y-50                          (取消刀具半径补偿)
N120 G00 Z100                              (返回 Z 轴安全距离)
N130 M30                                (程序结束并返回开头)
```

（2）40 mm×40 mm 凸台粗铣程序。

```
%1234                                            (程序名)
N10 G90 G54 G00 X-50 Y-50 Z100      (确定编程方式,设立工件坐标系)
N20 M03 S1200                  (主轴正转,主轴转速为 1 200 r/min)
N30 G00 Z5                                  (快速定位至加工起点)
N40 G01 Z-0.5 F200      (以直线插补的方式下降至工件表面-0.5 mm处)
N50 G01 G41 D01 X-20 Y-50 F700        (建立刀具半径补偿)
N60 G01 Y15
N70 X-15 Y20
N80 X15
N90 X20 Y15
N100 Y-15
N110 X15 Y-20
N120 X-15
N130 X-20 Y-15
N140 G01 G40 X-50                          (取消刀具半径补偿)
N150 G00 Z100                              (返回 Z 轴安全距离)
N160 M30                                (程序结束并返回开头)
```

（3）60 mm×60 mm 凸台精铣程序。

```
%1234                                            (程序名)
N10 G90 G54 G00 X-50 Y-50 Z100      (确定编程方式,设立工件坐标系)
N20 M03 S1500                  (主轴正转,主轴转速为 1 500 r/min)
```

N30 G00 Z5 （快速定位至加工起点）

N40 G01 Z-8 F200 （以直线插补的方式下降至工件表面-8 mm处）

N50 G01 G41 D01 X-30 Y-50 F400 （建立刀具半径补偿）

N60 G01 Y30

N70 X-30

N80 Y-30

N90 X-50

N100 G01 G40 Y-50 （取消刀具半径补偿）

N120 G00 Z100 （返回Z轴安全距离）

N130 M30 （程序结束并返回开头）

（4）40 mm×40 mm 凸台精铣程序。

%1234 （程序名）

N10 G90 G54 G00 X-50 Y-50 Z100 （确定编程方式,设立工件坐标系）

N20 M03 S1500 （主轴正转,主轴转速为1 500 r/min）

N30 G00 Z5 （快速定位至加工起点）

N40 G01 Z-4 F200 （以直线插补的方式下降至工件表面-4 mm处）

N50 G01 G41 D01 X-20 Y-50 F400 （建立刀具半径补偿）

N60 G01 Y15

N70 X-15 Y20

N80 X15

N90 X20 Y15

N100 Y-15

N110 X15 Y-20

N120 X-15

N130 X-20 Y-15

N140 G01 G40 X-50 （取消刀具半径补偿）

N150 G00 Z100 （返回Z轴安全距离）

N160 M30 （程序结束并返回开头）

2. 凸台零件2数控加工程序编写

（1）60 mm×60 mm 凸台粗铣程序。

%1234 （程序名）

N10 G90 G54 G00 X-50 Y-50 Z100 （确定编程方式,设立工件坐标系）

N20 M03 S1200 （主轴正转,主轴转速为1 200 r/min）

N30 G00 Z5 （快速定位至加工起点）

N40 G01 Z-0.5 F200 （以直线插补的方式下降至工件表面-0.5 mm处）

N50 G01 G41 D01 X-30 Y-50 F700 （建立刀具半径补偿）

N60 G01 Y-7

N70 X-20

N80 G03 X-20 Y7 R7

N90 G01 X-30

N100 G01 Y20

N110 G02 X-20 Y30 R10

N120 G01 X20

```
N130 G02 X30 Y20 R10
N140 G01 Y7
N150 X20
N160 G03 X20 Y-7 R7
N170 G01 X30
N180 Y-20
N190 G02 X20 Y-30 R10
N200 G01 X-20
N210 G02 X-30 Y-20 R10
N220 G01 G40 X-50                    （取消刀具半径补偿）
N230 G00 Z100                        （返回 Z 轴安全距离）
N240 M30                             （程序结束并返回开头）
```

（2）φ20 mm 凸台粗铣程序。

```
%1234                                （程序名）
N10 G90 G54 G00 X-50 Y0 Z100         （确定编程方式,设立工件坐标系）
N20 M03 S1200                        （主轴正转,主轴转速为 1 200 r/min）
N30 G00 Z5                           （快速定位至加工起点）
N40 G01 Z-0.5 F200                   （以直线插补的方式下降至工件表面-0.5 mm 处）
N50 G01 G41 D01 X-10 Y0 F700         （建立刀具半径补偿）
N60 G02 I-10
N70 G01 G40 X-50                     （取消刀具半径补偿）
N80 G00 Z100                         （返回 Z 轴安全距离）
N90 M30                              （程序结束并返回开头）
```

（3）60 mm×60 mm 凸台精铣程序。

```
%1234                                （程序名）
N10 G90 G54 G00 X-50 Y-50 Z100       （确定编程方式,设立工件坐标系）
N20 M03 S1500                        （主轴正转,主轴转速为 1 500 r/min）
N30 G00 Z5                           （快速定位至加工起点）
N40 G01 Z-8 F200                     （以直线插补的方式下降至工件表面-8 mm 处）
N50 G01 G41 D01 X-30 Y-50 F400       （建立刀具半径补偿）
N60 G01 Y-7
N70 X-20
N80 G03 X-20 Y7 R7
N90 G01 X-30
N100 G01 Y20
N110 G02 X-20 Y30 R10
N120 G01 X20
N130 G02 X30 Y20 R10
N140 G01 Y7
N150 X20
N160 G03 X20 Y-7 R7
N170 G01 X30
N180 Y-20
```

N190 G02 X20 Y-30 R10

N200 G01 X-20

N210 G02 X-30 Y-20 R10

N220 G01 G40 X-50　　　　　　　　　　　　　（取消刀具半径补偿）

N230 G00 Z100　　　　　　　　　　　　　　　（返回 Z 轴安全距离）

N240 M30　　　　　　　　　　　　　　　　　　（程序结束并返回开头）

（4）ϕ20 mm 凸台精铣程序。

%1234　　　　　　　　　　　　　　　　　　　　　　　（程序名）

N10 G90 G54 G00 X-50 Y0 Z100　　　（确定编程方式,设立工件坐标系）

N20 M03 S1500　　　　　　　（主轴正转,主轴转速为 1 500 r/min）

N30 G00 Z5　　　　　　　　　　　　　　　　（快速定位至加工起点）

N40 G01 Z-4 F200　　　　（以直线插补的方式下降至工件表面-4 mm 处）

N50 G01 G41 D01 X-10 Y0 F400　　　　　　　（建立刀具半径补偿）

N60 G02 I-10

N70 G01 G40 X-50　　　　　　　　　　　　　（取消刀具半径补偿）

N80 G00 Z100　　　　　　　　　　　　　　　（返回 Z 轴安全距离）

N90 M30　　　　　　　　　　　　　　　　　　（程序结束并返回开头）

三、零件的机床加工

1. 零件加工步骤

（1）按照工具、刀具、量具及毛坯清单领取相应的工具、刀具、量具及毛坯。

（2）开机通电，包括机床电源和系统电源。

（3）拔起"急停"按钮并返回机床参考点。

（4）装夹毛坯。

（5）装夹刀具并找正。

（6）对刀，建立工件坐标系。

（7）输入程序。

（8）校验程序。

（9）加工零件。

（10）测量加工后的零件尺寸。

（11）校正刀具磨损值。

（12）零件加工合格后，对机床进行清扫及保养。

（13）按照工具、刀具、量具清单归还相应的工具、刀具、量具。

（14）填写工作日志并关闭系统电源和机床电源。

2. 零件加工注意事项

（1）严格按照以上操作步骤进行加工操作。

（2）切记先对刀，然后输入程序再进行程序校验。

（3）运行程序时先用单段方式进行加工，完成第一刀切削且确认无误后方可切换到自动运行模式进行加工。

（4）加工时操作人员要佩戴护目镜，加工过程中注意将防护门关闭。

（5）机床加工时只允许单人操作，在出现紧急情况时应马上按下"急停"按钮。

（6）注意观察刀具的切削情况。

四、检验评价

加工完成后，对零件进行去毛刺和尺寸检测，最后填写检测评分表，见表6-10。

表6-10　凸台零件加工检测评分表

工件编号		加工时间		得分	
评价项目	技术要求	配分	评分标准		得分
程序与工艺（15%）	程序编写正确完整	5	不规范处每处扣1分		
	切削用量合理	5	不合理处每处扣1分		
	工艺过程规范合理	5	不合理处每处扣1分		
机床操作（15%）	刀具选择及安装正确	5	不正确处每处扣1分		
	工件装夹正确	5	不正确处每处扣1分		
	对刀及坐标系建立正确	5	不正确处每处扣1分		
零件质量（45%）	零件形状正确	5	不正确处每处扣1分		
	尺寸精度符合图纸要求	35	不正确处每处扣2分		
	无毛刺、划痕	5	按实际情况扣分		
文明生产（15%）	安全操作	5	不合格不得分		
	佩戴护目镜	5	未佩戴不得分		
	机床清扫与保养	5	不合格不得分		
评价项目	技术要求	配分	评分标准		得分
职业素养（10%）	数控加工机床知识	2.5	酌情给分		
	自学能力	2.5	酌情给分		
	团队协作	2.5	酌情给分		
	工具、量具正确使用	2.5	酌情给分		

项目小结

本项目首先提出了对凸台零件进行数控铣削加工工艺设计和编程的任务，然后详细介绍了完成该任务必须掌握的相关知识，主要包括刀具补偿指令G41/G42、取消刀具补偿指令G40的编程格式及使用方法。最后设计目标零件的加工工艺并编写数控程序，利用机床自带的仿真功能进行校验和优化，在实际机床上加工出合格的零件。

课后习题

请完成图 6-33 所示凸台零件加工程序的编写。

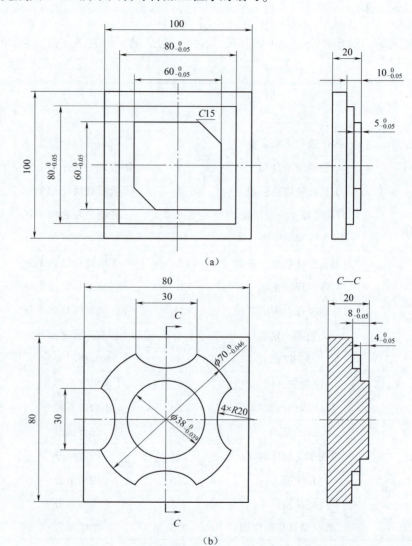

图 6-33　凸台零件

项目七　型腔零件加工

项目描述

本项目对型腔零件进行加工。通过学习，应掌握子程序的调用方法及编写格式。熟练使用华中 HNC-818D 型数控铣床，独立完成型腔零件加工。

项目分析

型腔零件如图 7-1 所示，利用数控铣床进行型腔零件加工。毛坯为 80 mm×80 mm×25 mm 的铝合金。

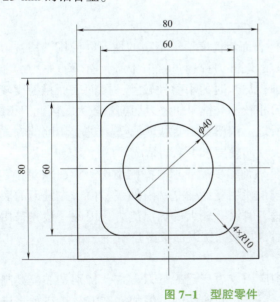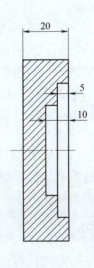

图 7-1　型腔零件

项目目标

1. 知识目标

（1）掌握型腔零件的工艺编制。

（2）掌握子程序的调用方法及编写格式。

2. 能力目标

（1）能够熟练装夹工件、刀具，灵活使用量具。

（2）能够熟练进行铣床的基本操作。

（3）学会正确对刀。

（4）学会检测并修正刀具磨损值。

3. 素养目标

（1）具有较强的自我控制能力和团队协作能力。

（2）具有较强的责任感和认真的工作态度。

（3）服从安排、遵守纪律，具备环保意识。

知识储备

一、型腔铣削工艺设计

1. 型腔零件加工中的进刀方式

对于封闭型腔零件的加工，下刀方式主要有垂直下刀、螺旋下刀和斜线下刀三种。

1）垂直下刀

（1）用于小面积切削和零件表面粗糙度要求不高的情况。使用键槽铣刀直接垂直下刀进行切削，虽然键槽铣刀的端部刀刃通过铣刀中心，有垂直吃刀的能力，但是由于键槽铣刀只有两个刃切削，加工时的平稳性较差，因而表面粗糙度较大；同时在同等切削条件下，键槽铣刀相较于立铣刀的每刃切削量较大，因此刀刃磨损大，在大面积切削中的效率较低。所以，键槽铣刀直接垂直下刀进行切削的方式，通常只用于小面积切削或加工零件表面质量要求不高的情况。

（2）用于大面积切削和零件表面粗糙度要求较高的情况。大面积型腔零件一般采用加工时具有较高平稳性和较长使用寿命的立铣刀加工。由于立铣刀的底部切削刃没有到刀具的中心，在垂直进刀时没有较大的切深能力，因此一般先采用键槽铣刀或钻头垂直进刀，预先钻孔后，再换立铣刀加工型腔零件。

2）螺旋下刀

螺旋下刀是现代数控加工中应用较为广泛的下刀方式，特别是在模具制造行业中最为常见。刀片式合金铣刀可以进行高速切削，但和立铣刀一样在垂直进刀时没有较大的切深能力。可以通过螺旋下刀的方式，利用刀片的侧刃和底刃进行切削，从而避开刀具中心没有切削刃部分与工件的干涉，使刀具沿螺旋朝深度方向渐进，从而达到进刀的目的。这样，可以在切削的平稳性与切削效率之间取得一个较好的平衡点。

3）斜线下刀

斜线下刀时刀具快速下移至加工表面上方一定距离后，调整成与工件表面呈一定角度的方向，以斜线的方式切入工件来达到 Z 向进刀的目的。

斜线下刀方式作为螺旋下刀方式的补充形式，通常用于因范围的限制而无法实现螺旋下刀的型腔零件。

2. 走刀路线

1）圆形型腔程序的编制

圆形型腔一般从圆心开始，根据所用刀具、加工材质等采用不同的走刀方式进行加工。多用立铣刀或键槽铣刀。

2）方形型腔程序的编制

方形型腔与圆形型腔的走刀方式相似，但走刀路线一般有两种，如图 7-2 所示。

（1）从边角处起刀，按 Z 字形往复切削。这种走刀路线，编程简单，但行间在两端有残留，如图 7-2（a）所示。

（2）从中心处起刀，按逐圈扩大的路线走刀，因每圈需变换终点位置尺寸，编程复杂，但型腔内部无残留余量，如图 7-2（b）所示。

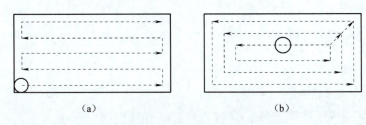

（a）　　　　　　　　　　　（b）

图 7-2　方形型腔走刀路线
（a）边处起刀；（b）中心处起刀

二、子程序的调用及结束

1. 编程格式

M98 P ___ L ___
M99

2. 作用

当零件上有若干相同形状，或加工过程中反复出现相同轨迹的走刀路线时，可以将它们作为子程序存入存储器，反复调用以简化程序，减少编程量。子程序以外的加工程序称为主程序。

3. 参数含义

M98 为调用子程序指令。

P ___ 表示子程序号，P 后面跟数字。

L ___ 表示子程序的调用次数。

M99 为子程序结束指令。

4. 说明

（1）P 和%均表示子程序号。

（2）M98 为调用子程序指令，在 M98 程序段中，不能出现其他指令。

（3）M99 为子程序结束指令，并返回调用子程序的主程序中。

（4）调用子程序次数加工完成后，系统将会继续执行主程序的后续程序。

三、子程序的调用格式

1. 主程序格式

```
%1234                      （主程序名）
N10 G90 G54 G00 X-50 Y0 Z100 ⎫
N20 M03 S1200               ⎪
N30 Z10                     ⎪
N40 M08                     ⎬（程序主体）
N50 G01 Z0 F200             ⎪
N60 M98 P001 L5             ⎪
N70 G00 Z100                ⎭
N80 M09
N90 M30
```

2. 子程序格式

```
%001          （子程序名）
N110 G91 G01 Z-0.5 F200
N120 G90 G01 G41 D01 X20 F500
N130 G02 I-20
N140 G01 G40 X-50
N150 M99
```

项目实施

型腔零件的数控加工。

一、加工准备

1. 机床选择

选用装有华中 HNC-818D 数控系统的数控铣床。

2. 工具、量具及毛坯

加工本项目零件所需的工具、刀具、量具及毛坯清单见表 7-1。

表 7-1　工具、刀具、量具及毛坯清单

序号	名称	规格	数量
1	游标卡尺	0~150 mm/0.02 mm	1 把
2	外径千分尺	0~25 mm/0.01 mm	1 把

续表

序号	名称	规格	数量
3	外径千分尺	25~50 mm/0.01 mm	1 把
4	深度尺	0~100 mm/0.02 mm	1 把
5	立铣刀	φ10 mm	1 把
6	刀柄	BT40	1 把
7	精密虎钳	50 mm×150 mm×200 mm	1 个
8	工具	虎钳扳手	1 副
9	标准垫铁		1 块
10	毛坯	材料为铝合金，尺寸为 80 mm×80 mm×25 mm	1 块
9	其他辅助工具	铜皮、毛刷、护目镜等	1 套

3. 工艺分析

（1）型腔零件工艺分析。根据图 7-1 所示零件形状，用 φ10 mm 立铣刀粗铣，其加工路线为切削 φ40 mm 圆形型腔，切削深度为 10 mm，分层切削每层加工深度为 0.5 mm→切削 60 mm×60 mm 方形型腔，切削深度为 5 mm，分层切削每层加工深度为 0.5 mm；所留精铣余量为 0.2 mm。

（2）用 φ10 mm 立铣刀精铣，其加工路线为切削 φ40 mm 圆形型腔，切削深度为 10 mm→切削 60 mm×60 mm 方形型腔，切削深度为 5 mm。

型腔零件数控加工工序卡见表 7-2。

表 7-2 型腔零件数控加工工序卡

数控加工工序卡		零件图号	零件名称		材料	设备
			型腔零件		铝合金	数控铣床
工步号	工步内容	刀具号	刀具名称	刀具规格	主轴转速/ $(r \cdot min^{-1})$	进给速度/ $(mm \cdot min^{-1})$
1	粗铣	T01	立铣刀	φ10 mm	1 200	700
2	精铣	T01	立铣刀	φ10 mm	1 500	400

二、数控程序编制

本项目提供的毛坯为 80 mm×80 mm×25 mm 的铝合金板料，按图纸尺寸要求，首先在加工时需要考虑下刀切削的深度，避免在加工过程中由于参数设置不当导致撞刀现象的发生。其次在加工时采用分层切削的方式进行加工，以调用子程序的方式进行加工。

（1）φ40 mm 圆形型腔粗铣程序。

```
%1234                                    （程序名）
N10 G90 G54 G00 X0 Y0 Z100    （确定编程方式，设立工件坐标系）
```

```
N20 M03 S1200                        (主轴正转,主轴转速为 1 200 r/min)
N30 G00 Z5                                    (快速定位至加工起点)
N40 M08
N50 G01 Z0 F100
N60 M98 P001 L20                     (调用 001 号子程序,调用 20 次)
N70 G00 Z100                                  (返回 Z 轴安全距离)
N80 M09
N90 M30                                  (程序结束并返回开头)
%001                                          (子程序名称)
N110 G91 G01 Z-0.5 F100              (以增量方式,每层切削 0.5 mm)
N120 G90 G01 G41 D01 X20 F700       (建立刀具半径补偿,进给速度为 700 mm/min)
N130 G03 I-10
N140 G01 G40 X0
N150 M99                                      (子程序结束)
```

（2）60 mm×60 mm 方形型腔粗铣程序。

```
%1234                                         (程序名)
N10 G90 G54 G00 X0 Y0 Z100          (确定编程方式,设立工件坐标系)
N20 M03 S1200                        (主轴正转,主轴转速为 1 200 r/min)
N30 G00 Z5                                    (快速定位至加工起点)
N40 M08
N50 G01 Z0 F200
N60 M98 P002 L10                     (调用 002 号子程序,调用 10 次)
N70 G00 Z100                                  (返回 Z 轴安全距离)
N80 M09
N90 M30                                  (程序结束并返回开头)
%002                                          (子程序名)
N110 G91 G01 Z-0.5 F100              (以增量方式,每层切削 0.5 mm)
N120 G90 G01 G41 D01 X30 F700       (建立刀具半径补偿,进给速度为 700 mm/min)
N130 G01 Y20
N140 G03 X20 Y30 R10
N150 G01 X-20
N160 G03 X-30 Y20 R10
N170 G01 Y-20
N180 G03 X-20 Y-30 R10
N190 G01 X20
N100 G03 X30 Y-20 R10
N110 G01 Y0
N120 G01 G40 X0
N130 M99                                      (子程序结束)
```

（3）ϕ40 mm 圆形型腔精铣程序。

```
%1234                                         (程序名)
N10 G90 G54 G00 X0 Y0 Z100          (确定编程方式,设立工件坐标系)
N20 M03 S1500                        (主轴正转,主轴转速为 1 500 r/min)
```

N30 G00 Z5 　　　　　　　　　　　　　　　　　（快速定位至加工起点）

N40 M08

N50 G01 Z-10 F200 　　　　（以直线插补的方式下降至工件表面-10 mm处）

N60 G01 G41 D01 X20 F400 　　　　　　　　（建立刀具半径补偿）

N70 G03 I-20

N80 G01 G40 X0 　　　　　　　　　　　　　（取消刀具半径补偿）

N90 G00 Z100 　　　　　　　　　　　　　　（返回Z轴安全距离）

N100 M30 　　　　　　　　　　　　　　（程序结束并返回开头）

（4）60 mm×60 mm 方形型腔精铣程序。

%1234 　　　　　　　　　　　　　　　　　　　　　（程序名）

N10 G90 G54 G00 X0 Y0 Z100 　　　　　（确定编程方式,设立工件坐标系）

N20 M03 S1500 　　　　　　　（主轴正转,主轴转速为1 500 r/min）

N30 G00 Z5 　　　　　　　　　　　　　　　（快速定位至加工起点）

N40 G01 Z-5 F200 　　　　（以直线插补的方式下降至工件表面-5 mm处）

N50 G01 G41 D01 X-30 F400 　（建立刀具半径补偿,进给速度为400 mm/min）

N60 G01 Y20

N70 G03 X20 Y30 R10

N80 G01 X-20

N90 G03 X-30 Y20 R10

N100 G01 Y-20

N110 G03 X-20 Y-30 R10

N120 G01 X20

N130 G03 X30 Y-20 R10

N140 G01 Y0

N150 G01 G40 X0 　　　　　　　　　　　　（取消刀具半径补偿）

N160 G00 Z100 　　　　　　　　　　　　　（返回Z轴安全距离）

N170 M30

三、零件的机床加工

1. 零件加工步骤

（1）按照工具、刀具、量具及毛坯清单领取相应的工具、刀具、量具及毛坯。

（2）开机通电，包括机床电源和系统电源。

（3）拔起“急停”按钮并返回机床参考点。

（4）装夹毛坯。

（5）装夹刀具并找正。

（6）对刀，建立工件坐标系。

（7）输入程序。

（8）校验程序。

（9）加工零件。

（10）测量加工后的零件尺寸。

（11）校正刀具磨损值。

（12）零件加工合格后，对机床进行清扫及保养。

（13）按照工具、刀具、量具清单归还相应的工具、刀具、量具。

（14）填写工作日志并关闭系统电源和机床电源。

2. 零件加工注意事项

（1）严格按照以上操作步骤进行加工操作。

（2）切记先对刀，然后输入程序再进行程序校验。

（3）运行程序时先用单段方式进行加工，完成第一刀切削且确认无误后方可切换到自动运行模式进行加工。

（4）加工时操作人员要佩戴护目镜，加工过程中注意将防护门关闭。

（5）机床加工时只允许单人操作，在出现紧急情况时应马上按下"急停"按钮。

（6）注意观察刀具的切削情况。

四、检验评价

加工完成后，对零件进行去毛刺和尺寸检测，最后填写检测评分表，见表7-3。

表7-3　型腔零件加工检测评分表

工件编号		加工时间		得分	
评价项目	技术要求	配分	评分标准		得分
程序与工艺（15%）	程序编写正确完整	5	不规范处每处扣1分		
	切削用量合理	5	不合理处每处扣1分		
	工艺过程规范合理	5	不合理处每处扣1分		
机床操作（15%）	刀具选择及安装正确	5	不正确处每处扣1分		
	工件装夹正确	5	不正确处每处扣1分		
	对刀及坐标系建立正确	5	不正确处每处扣1分		
零件质量（45%）	零件形状正确	5	不正确处每处扣1分		
	尺寸精度符合图纸要求	35	不正确处每处扣2分		
	无毛刺、划痕	5	按实际情况扣分		
文明生产（15%）	安全操作	5	不合格不得分		
	佩戴护目镜	5	未佩戴不得分		
	机床清扫与保养	5	不合格不得分		
职业素养（10%）	数控加工机床知识	2.5	酌情给分		
	自学能力	2.5	酌情给分		
	团队协作	2.5	酌情给分		
	工具、量具正确使用	2.5	酌情给分		

项目小结

本项目首先提出了对型腔零件进行数控铣削加工工艺设计和编程的任务，然后详细介绍了完成该任务必须掌握的相关知识，主要包括子程序调用指令 M98、子程序结束指令 M99 的编程格式及使用方法。最后设计目标零件的加工工艺并编写数控程序，利用机床自带的仿真功能进行校验和优化，在实际机床上加工出合格的零件。

课后习题

请完成图 7-3 所示型腔零件加工程序的编写。

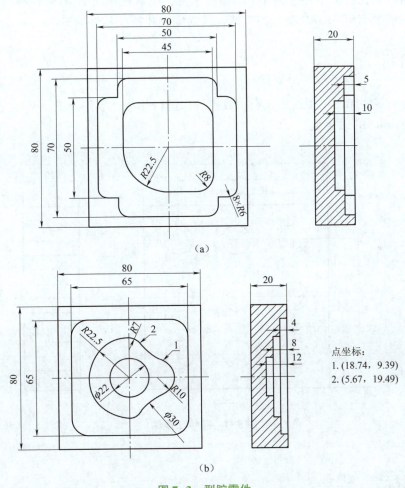

图 7-3　型腔零件

项目八　孔特征零件加工

项目描述

本项目对孔特征零件进行加工。通过学习，应掌握孔加工循环指令及编写格式。熟练使用华中 HNC-818D 型数控铣床，独立完成孔特征零件加工。

项目分析

孔特征零件如图 8-1 所示，利用数控铣床进行孔特征零件加工。毛坯为 80 mm×80 mm×25 mm 的铝合金。

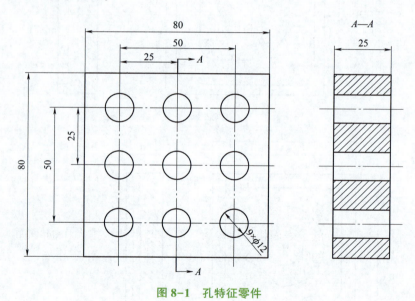

图 8-1　孔特征零件

项目目标

1. 知识目标

（1）掌握数控系统的孔加工固定循环指令 G81，G83，G98，G99 的编程格式及使用方法。

（2）掌握孔特征零件的加工方法。

（3）了解孔加工的走刀路线。

2. 能力目标

（1）能熟练分析孔特征零件的结构特点，会分析孔特征零件的工艺性能。

（2）能正确选择设备、刀具、夹具与切削用量，编制数控加工工艺程序。

（3）能熟练使用孔加工刀具。

（4）具备正确编制孔特征零件数控加工程序的能力。

3. 素养目标

（1）具有较强的自我控制能力和团队协作能力。

（2）具有较强的责任感和认真的工作态度。

（3）服从安排、遵守纪律，具备环保意识。

知识储备

一、孔加工的工艺设计

1. 孔加工的主要方法

（1）点孔。

点孔在钻孔之前，由中心钻完成。由于麻花钻的横刃具有一定的长度，引钻时不易定心，加工时钻头旋转轴线不稳定，因此钻孔前需要预先钻一个凹坑点，便于钻头钻入时定心。此外，直接用钻头钻削，如果钻削位置与图纸要求位置不一致，可能会导致工件报废，造成不必要的损失，钻孔前先用中心钻（定心钻）点钻，由于点孔只钻一个小凹坑点，不会对工件有太大影响，因此，点钻也有确定孔尺寸位置的目的。

（2）钻孔。

钻孔是用钻头在实体材料上加工孔的方法，是一种最基本的孔加工方法。钻孔常用的工具是麻花钻。

钻孔时，由于麻花钻的结构存在一些缺陷（主要是刚性差），因此会影响加工质量。钻孔的精度比较低，表面粗糙度较大，容易产生孔径扩大、轴线偏斜等缺点。因此，对于精度要求高的孔，经钻孔加工后还需要进行扩孔和铰孔加工。钻孔精度一般可达IT10~IT11，钻孔的表面粗糙度一般只能控制在 Ra 12.5 μm 左右，钻孔的直径范围为 0.05~125 mm。

（3）扩孔。

扩孔是用扩孔钻对工件上已钻出、铸出或锻出的孔进行扩大加工。扩孔可在一定程度上校正原孔轴线的偏斜，扩孔的精度可达 IT9~IT10，表面粗糙度 Ra 可达 3.2~6.3 μm，属于半精铣。扩孔常用于铰孔前的预加工，对于质量要求不高的孔，扩孔也可作为孔加工的最后工序。

（4）铰孔。

用铰刀从被加工孔的孔壁上切除微量金属，使孔的精度和表面质量得到提高的加工方法，称为铰孔。铰孔是应用较为广泛的中小直径孔精铣方法之一，是在扩孔或半精镗孔的基础上进行的。根据铰刀的不同结构，铰孔可以加工圆柱孔、圆锥孔；可以手动操作，也可以在机床上操作。铰孔后孔的精度可达 IT5~IT6，表面粗糙度 Ra 可达 0.4~1.6 μm。

（5）锪削。

锪削又称锪窝，是使用锪钻或锪刀刮平孔的断面或切除沉孔的方法，通常用于加工沉头孔螺钉的沉头孔、锥孔、小凸台面等。

（6）镗孔。

镗孔是利用镗刀对工件上已有的尺寸较大的孔进行加工，特别适用于加工分布在同一表面或不同表面上的，孔距和位置精度要求较高的孔。镗孔的加工精度可达 IT6~IT7；孔的表面粗糙度 Ra 可达 0.8~6.8 μm，适用于高精度加工的场合。镗孔时，要求镗刀和镗杆必须有足够的刚性；镗刀夹紧要牢固，装卸和调整要方便，具有可靠的断屑和排屑功能，可确保切屑顺利折断和排出，精镗孔的余量一般单边小于 0.4 mm。镗孔能修正前工序造成的孔轴线的弯曲、偏斜等形状位置误差。

2. 切削用量的确定

切削用量的选择原则是保证零件加工精度和表面粗糙度，充分发挥刀具的切削性能；保证合理的刀具耐用度，充分发挥机床的性能，最大限度提高生产效率，降低生产成本。总之，切削用量的具体数值应根据机床的性能、刀具材质、相关手册并结合实际经验用类比法确定。同时，使主轴转速、切削速度及进给速度三者相互适应，以形成最佳切削用量。

（1）钻削用量的选择。

①钻头直径。孔径不大时，可将孔一次钻出。工件孔径大于 35 mm 时，若一次钻出孔，往往由于受到机床刚性的限制，必须大大减少进给量；若两次钻出孔，可取较大的进给量，这样既不会降低生产效率，又提高了孔的加工精度。先钻后扩时，钻孔的钻头直径可选择孔径的 50%~70%。

②进给量。在条件允许的情况下，应取较大的进给量，以降低生产成本，提高加工效率。普通麻花钻钻削进给量可按照以下经验公式估算选取

$$F = (0.01 \sim 0.02)d_0$$

式中，d_0 为孔的直径。直径在 5 mm 以内的钻头，常用手动进给。

③钻削速度。钻削的背吃刀量（即钻头半径）、进给量及切削速度对钻头的耐用度都会产生影响，但背吃刀量对钻头耐用度的影响与车削不同。当钻头直径增大时，尽管增大了钻削力，但钻头体积也显著增加，因此散热条件得到明显改善。实践证明，钻头直径增大时，切削温度有所下降。因此，钻头直径较大时，可选取较高的钻削速度。

一般情况下，钻削速度的选取可参考表 8-1。

表 8-1 普通高速钢钻头钻削速度参考值 m/min

工件材料	低碳钢	中、高碳钢	合金钢	铸铁	铝合金	铜合金
钻削速度	25~30	20~25	15~20	20~25	40~70	20~40

（2）铰削用量的选择。

①铰刀直径。铰刀直径的基本尺寸等于孔直径的基本尺寸。

②铰削余量。粗铰时，余量为 0.2 ~ 0.6 mm；精铰时，余量为 0.05 ~ 0.2 mm。一般情况下，孔的精度越高铰削余量越小。

③进给量。在保证加工质量的前提下，进给量 F 可取得大一些。用硬质合金铰刀铰削铸铁时，通常取 $F = 0.5 ~ 3$ mm/r；铰削钢时，可取 $F = 0.3 ~ 2$ mm/r。用高速钢铰刀铰削孔时，通常取 $F < 1$ mm/r。

④铰削速度。铰削速度对孔的表面粗糙度 Ra 影响最大，一般采用低速铰削来提高铰孔质量。用高速钢铰刀铰削钢或铸铁时，铰削速度小于 10 m/min；用硬质合金铰刀铰削钢或铸铁时，铰削速度为 8 ~ 20 m/min。

3. 精铣余量的确定

数控铣床上通常采用经验估算法或查表修正法确定精铣余量，其推荐值见表 8-2（轮廓指单边余量，孔指双边余量）。

表 8-2　精铣余量推荐值　　　　　　　　　　　　　　mm

加工方法	刀具材料	精铣余量
轮廓铣削	高速钢	0.2 ~ 0.4
	硬质合金	0.3 ~ 0.6
扩孔	高速钢	0.5 ~ 1.0
	硬质合金	1.0 ~ 2.0
铰孔	高速钢	0.1 ~ 0.2
	硬质合金	0.2 ~ 0.3
镗孔	高速钢	0.1 ~ 0.5
	硬质合金	0.3 ~ 1.0

4. 孔加工走刀路线的设计

孔加工时，一般先将刀具在 XY 平面内快速运动定位到孔中心线的位置，然后将刀具沿 Z 向（轴向）运动进行加工，所以孔加工的进给路线包括 XY 平面和 Z 向进给路线。

（1）确定 XY 平面的进给路线。

孔加工时，刀具在 XY 平面的运动属于点位运动，确定进给路线时，主要考虑以下两个方面。

①定位要迅速。在刀具不与工件、夹具和机床发生碰撞的前提下尽可能以短时间运动为宜。

②定位要准确。定位准确即安排进给路线时，要避免机械进给系统反向间隙对孔位置精度产生影响。对于孔位置精度要求较高的零件，在精镗孔时，应注意镗孔路线需保持与各个孔的定位方向一致，即采用单向趋近定位点的方法，以避免传动系统反向间隙误差或测量系统的误差对定位精度产生影响。

（2）确定 Z 向进给路线。

刀具在 Z 向的进给路线分为快速移动进给路线和工作进给路线。快速移动进给路线指的是快速下降到起钻点的移动路线和排屑移动等不进行切削时的移动路线。有切削动作的移动路线则称为工作进给路线。

二、孔加工固定循环指令原理

孔加工固定循环指令动作如图 8-2 所示，虚线表示快速进给，实线表示切削进给，通常包含以下 6 个动作。

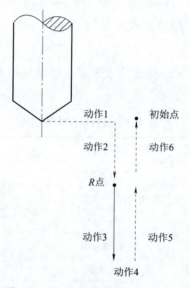

图 8-2　孔加工固定循环指令动作

动作 1：X 轴、Y 轴定位，使刀具快速定位到孔加工位置。

动作 2：快速移动到 R 点。

动作 3：孔加工，以切削进给方式对孔进行加工。

动作 4：在孔底的动作，包括暂停、主轴准停、刀具移动等动作。

动作 5：返回 R 点，孔加工完成后返回 R 点。

动作 6：快速返回初始点，所有孔加工完成后退刀到初始点。

相关平面概念如下。

（1）初始平面是为安全下刀而人为规定的一个平面。初始平面到工件表面的距离可以任意设定在一个安全高度上，当使用同一把刀具加工若干孔时，才能使用 G98 指令使刀具返回初始平面的初始点位置。

（2）R 点平面，又称起钻点或起钻平面。这个平面是刀具下刀时由快速进给转为切削进给的高度方向平面，与工件表面的距离主要考虑表面尺寸的变化，一般可取 2~5 mm。使用 G99 指令时，刀具将返回该平面的 R 点。

（3）孔底平面。加工盲孔时，孔底平面高度尺寸就是孔底 Z 向高度。加工通孔时，刀具一般还要延伸出工件底平面一定距离，主要是保证全部孔深都满足尺寸要求。钻削加工时还要考虑钻头钻尖对孔深的影响。

孔加工固定循环指令与平面选择无关，即不管选择哪个平面，孔加工都在 XY 平面上定位，并在 Z 方向上钻孔。

三、孔加工固定循环指令

1. 钻孔循环指令 G81

（1）编程格式。

G98/G99 G81 X __ Y __ Z __ R __ F __

（2）参数含义。

G98 为返回起始点指令。

G99 为返回 R 点平面指令。

G81 为钻孔循环（钻中心孔）指令。

X __ Y __ 表示孔的位置坐标。

Z __ 表示孔底坐标。

R __ 表示按全面（R 点平面）坐标。

F __ 表示进给速度。

（3）说明。

G81 指令用于中心钻加工定位孔和一般孔加工，其基本动作如图 8-3 所示。该指令包含 X，Y 方向的定位、快进、工进、快速返回 4 个动作。

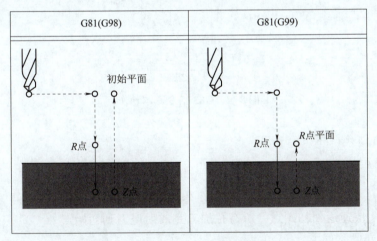

图 8-3　G81 指令基本动作

2. 深钻孔循环指令 G83

（1）编程格式。

G98/G99 G83 X __ Y __ Z __ Q __ R __ K __ F __

（2）参数含义。

G98 为返回起始点指令。

G99 为返回 R 点平面指令。

G83 为深钻孔循环指令。

X __ Y __表示孔的位置坐标。

Z __表示孔底坐标。

Q __表示每次的钻削深度。

K __表示距离上次钻削平面的起钻距离。

R __表示按全面（R 点平面）坐标。

F __表示进给速度。

（3）说明。

G83 指令用于深孔钻削加工，其基本动作如图 8-4 所示。与 G81 指令的区别在于每次刀具间歇进给后回退至 R 点平面后，再次重复钻削动作，直至加工到 Z 点深度。其中 K 表示刀具间断进给每次下降时由快速转为工进的那一点与前一次切削进给下降点之间的距离。加工较深的孔时可采用此方式。

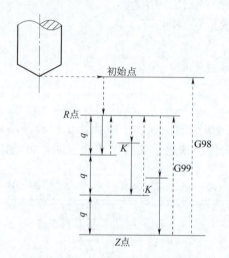

图 8-4　G83 指令基本动作

3. 取消钻孔循环指令 G80

（1）编程格式。

G80

（2）参数含义。

G80 为取消钻孔循环指令。

（3）说明。

G80 为取消钻孔循环指令，与其他孔加工循环指令成对使用。

四、孔加工程序格式

%1234 　（程序名）

N10 G90 G54 G00 X___ Y___ Z100

N20 M03 S900　　　　　　　第一个孔的坐标

N30 Z10

N40 M08

```
                    孔深
N50 G98/G99 G81 Z___ R2 F100

N60 …
N70 …         其余孔的坐标
N80 …
N90 G80
N100 M09
N110 G00 Z100
N120 M30
```

项目实施

孔特征零件的数控加工。

一、加工准备

1. 机床选择

选用装有华中 HNC-818D 数控系统的数控铣床。

2. 工具、量具及毛坯

加工本项目零件所需的工具、刀具、量具及毛坯清单见表 8-3。

表 8-3　工具、刀具、量具及毛坯清单

序号	名称	规格	数量
1	游标卡尺	0~150 mm/0.02 mm	1 把
2	外径千分尺	0~25 mm/0.01 mm	1 把
3	外径千分尺	25~50 mm/0.01 mm	1 把
4	深度尺	0~100 mm/0.02 mm	1 把
5	中心钻	A4	1 支
6	麻花钻	$\phi12$ mm	1 支
7	钻夹头刀柄	BT40	1 把
8	精密虎钳	50 mm×150 mm×200 mm	1 个
9	工具	虎钳扳手	1 副
10	标准垫铁		1 块
11	毛坯	材料为铝合金，尺寸为 80 mm×80 mm×25 mm	1 块
12	其他辅助工具	铜皮、毛刷、护目镜等	1 套

3. 工艺分析

（1）孔特征零件工艺分析，根据图 8-1 所示零件形状，用 A4 中心钻钻中心孔，其加工路线为从工件第一行的右上角向左上角依次加工，再依次加工第二行、第三行，切削深度为 0.5 mm。

（2）用 φ12 mm 麻花钻钻孔，其加工路线为从工件第一行的右上角向左上角依次加工，再依次加工第二行、第三行，切削深度为 30 mm。

孔特征零件数控加工工序卡见表 8-4。

表 8-4　孔特征零件数控加工工序卡

数控加工工序卡		零件图号	零件名称		材料	设备
			孔特征零件		铝合金	数控铣床
工步号	工步内容	刀具号	刀具名称	刀具规格	主轴转速/ $(r \cdot min^{-1})$	进给速度/ $(mm \cdot min^{-1})$
1	点孔	T01	中心钻	A4	1 800	200
2	钻孔	T02	麻花钻	φ12 mm	900	150

二、数控程序编制

本项目提供的毛坯为 80 mm×80 mm×25 mm 的铝合金板料，按图纸尺寸要求，首先在加工时需要考虑刀具移动过程中是否与工件、夹具、机床等发生碰撞，避免在加工过程中由于参数设置不当导致撞刀现象的发生。其次分别用 G98 和 G99 两种指令编程，以观察两种指令的不同点与相同点。

（1）G98 指令点孔加工程序。

```
%1234                                              （程序名）
N10 G90 G54 G00 X25 Y25 Z100          （确定编程方式,设立工件坐标系）
N20 M03 S1800                          （主轴正转,主轴转速为 1 800 r/min）
N30 Z10                                         （快速定位至加工起点）
N40 M08
N50 G98 G81 Z-0.5 R2 F200      （中心钻点孔固定循环,进给速度为 200 mm/min）
N60 X0
N70 X-25
N80 Y0
N90 X0
N100 X25
N110 Y-25
N120 X0
N130 X-25
N140 G80 M09
N80 G00 Z100
N90 M30                                      （程序结束并返回开头）
```

（2）G98 指令钻孔加工程序。

```
%1234                                              （程序名）
N10 G90 G54 G00 X25 Y25 Z100          （确定编程方式,设立工件坐标系）
```

N20 M03 S1800   (主轴正转,主轴转速为 1 800 r/min)

N30 Z10   (快速定位至加工起点)

N40 M08

N50 G98 G83 Z-30 R2 Q-3 K1 F150   (麻花钻钻孔固定循环,进给速度为 150 mm/min)

N60 X0

N70 X-25

N80 Y0

N90 X0

N100 X25

N110 Y-25

N120 X0

N130 X-25

N140 G80 M09

N80 G00 Z100

N90 M30   (程序结束并返回开头)

（3）G99 指令点孔加工程序。

%1234   (程序名)

N10 G90 G54 G00 X25 Y25 Z100   (确定编程方式,设立工件坐标系)

N20 M03 S1800   (主轴正转,主轴转速为 1 800 r/min)

N30 Z10   (快速定位至加工起点)

N40 M08

N50 G99 G81 Z-0.5 R2 F200   (中心钻点孔固定循环,进给速度为 200 mm/min)

N60 X0

N70 X-25

N80 Y0

N90 X0

N100 X25

N110 Y-25

N120 X0

N130 X-25

N140 G80 M09

N80 G00 Z100

N90 M30   (程序结束并返回开头)

（4）G99 指令钻孔加工程序。

%1234   (程序名)

N10 G90 G54 G00 X25 Y25 Z100   (确定编程方式,设立工件坐标系)

N20 M03 S1800   (主轴正转,主轴转速为 1 800 r/min)

N30 Z10   (快速定位至加工起点)

N40 M08

N50 G98 G83 Z-30 R2 Q-3 K1 F200   (麻花钻钻孔固定循环,进给速度为 200 mm/min)

N60 X0

N70 X-25

N80 Y0

```
N90 X0
N100 X25
N110 Y-25
N120 X0
N130 X-25
N140 G80 M09
N80 G00 Z100
N90 M30                                            （程序结束并返回开头）
```

三、零件的机床加工

1. 零件加工步骤

（1）按照工具、刀具、量具及毛坯清单领取相应的工具、刀具、量具及毛坯。

（2）开机通电，包括机床电源和系统电源。

（3）拔起"急停"按钮并返回机床参考点。

（4）装夹毛坯。

（5）装夹刀具并找正。

（6）对刀，建立工件坐标系。

（7）输入程序。

（8）校验程序。

（9）加工零件。

（10）测量加工后的零件尺寸。

（11）校正刀具磨损值。

（12）零件加工合格后，对机床进行清扫及保养。

（13）按照工具、刀具、量具清单归还相应的工具、刀具、量具。

（14）填写工作日志并关闭系统电源和机床电源。

2. 零件加工注意事项

（1）严格按照以上操作步骤进行加工操作。

（2）切记先对刀，然后输入程序再进行程序校验。

（3）运行程序时先用单段方式进行加工，完成第一刀切削且确认无误后方可切换到自动运行模式进行加工。

（4）加工时操作人员要佩戴护目镜，加工过程中注意将防护门关闭。

（5）机床加工时只允许单人操作，在出现紧急情况时应马上按下"急停"按钮。

（6）注意观察刀具的切削情况。

四、检验评价

加工完成后，对零件进行去毛刺和尺寸检测，最后填写检测评分表，见表8-5。

表 8-5　孔特征零件加工检测评分表

工件编号		加工时间		得分	
评价项目	技术要求	配分	评分标准	得分
程序与工艺（15%）	程序编写正确完整	5	不规范处每处扣 1 分	
	切削用量合理	5	不合理处每处扣 1 分	
	工艺过程规范合理	5	不合理处每处扣 1 分	
机床操作（15%）	刀具选择及安装正确	5	不正确处每处扣 1 分	
	工件装夹正确	5	不正确处每处扣 1 分	
	对刀及坐标系建立正确	5	不正确处每处扣 1 分	
零件质量（45%）	零件形状正确	5	不正确处每处扣 1 分	
	尺寸精度符合图纸要求	35	不正确处每处扣 2 分	
	无毛刺、划痕	5	按实际情况扣分	
文明生产（15%）	安全操作	5	不合格不得分	
	佩戴护目镜	5	未佩戴不得分	
	机床清扫与保养	5	不合格不得分	
职业素养（10%）	数控加工机床知识	2.5	酌情给分	
	自学能力	2.5	酌情给分	
	团队协作	2.5	酌情给分	
	工具、量具正确使用	2.5	酌情给分	

项目小结

　　本项目首先提出了对孔特征零件进行数控铣削加工工艺设计和编程的任务，然后详细介绍了完成该任务必须掌握的相关知识，主要包括钻孔循环指令 G81、深钻孔循环指令 G83 的编程格式及使用方法。最后，设计目标零件的加工工艺并编写数控程序，利用机床自带的仿真功能进行校验和优化，在实际机床上加工出合格的零件。

课后习题

　　请完成图 8-5 所示孔特征零件加工程序的编写。

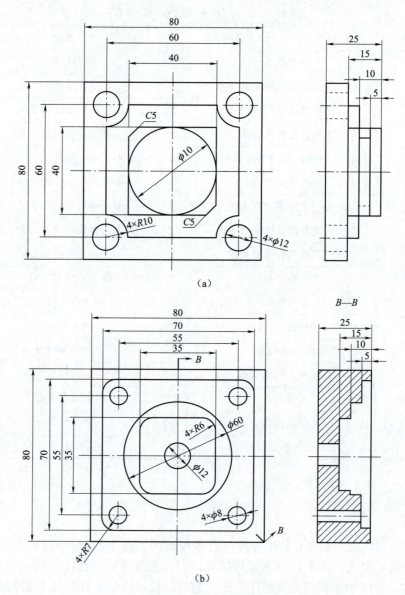

图 8-5 孔特征零件

项目九 槽特征零件加工

项目描述

本项目对槽特征零件进行加工。通过学习，应掌握槽特征零件加工程序的编写及键槽铣刀的使用。熟练使用华中 HNC-818D 型数控铣床，独立完成槽特征零件加工。

项目分析

槽特征零件如图 9-1 所示，利用数控铣床进行槽特征零件加工。毛坯为 80 mm×80 mm×25 mm 的铝合金。

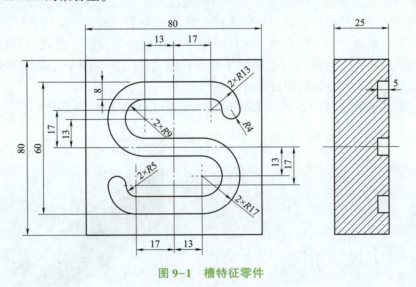

图 9-1 槽特征零件

项目目标

1. 知识目标

（1）掌握槽特征零件的加工方法。

（2）了解常用的键槽铣刀。

2. 能力目标

（1）能分析槽特征零件的结构特点，理解加工技术要求。

（2）能正确选择设备、刀具、夹具与切削用量，编制数控加工工艺程序。

（3）能熟练使用键槽铣刀。

（4）具备正确编制槽特征零件数控加工程序的能力。

3. 素养目标

（1）具有较强的自我控制能力和团队协作能力。

（2）具有较强的责任感和认真的工作态度。

（3）服从安排、遵守纪律，具备环保意识。

知识储备

一、槽加工的工艺设计

1. 槽加工的常用刀具

（1）立铣刀。

立铣刀是数控铣削加工中用得最多的一种刀具，主要用于加工凹槽、较小的台阶面及平面轮廓。如图 9-2 所示，立铣刀的圆柱表面和端面都有切削刃，它们既可以同时切削，也可以单独切削。圆柱表面的切削刃为主切削刃，端面的切削刃为副切削刃。主切削刃一般为螺旋槽，这样可以增加切削的平稳性，提高加工精度。副切削刃主要用来加工与侧面垂直的底平面。普通立铣刀的端面中心处没有切削刃，所以立铣刀一般不宜进行轴向进给。

目前最常见的立铣刀，其中心刃已过刀具中心，也可以轴向进给，如图 9-3 所示。

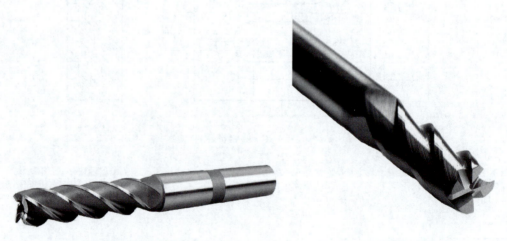

图 9-2　立铣刀　　　　　　　　　　　图 9-3　过中心立铣刀

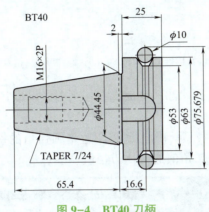为了能加工较深的沟槽，并保证有足够的备磨量，立铣刀的轴向长度一般较长。另外，为改善切屑卷曲情况，增大容屑空间，防止切屑堵塞，立铣刀的刀齿数比较少，容屑槽圆弧半径较大，一般粗齿立铣刀齿数 Z 为 3~4 齿，细齿立铣刀刀齿数 Z 为 5~8 齿，容屑槽圆弧半径为 2~5 mm。

由于数控机床要求铣刀能快速自动装卸，立铣刀刀柄部分一般由专业厂家按照一定的标准制定成统一的形式和尺寸，直径在 $\phi40 \sim \phi160$ mm 之间的立铣刀可做成套式结构。图 9-4 为常见的 BT40 刀柄。

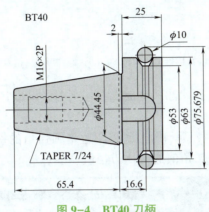

图 9-4　BT40 刀柄

（2）键槽铣刀。

键槽铣刀有两个刀齿，圆柱面和端面都有切削刃，端面刃延伸至中心，也可以把它看成立铣刀的一种，如图 9-5 所示。

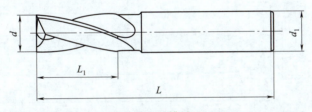

图 9-5　键槽铣刀

按国家标准规定，直柄键槽铣刀的直径 d 为 2~22 mm，锥柄键槽铣刀的直径 d 为 14~50 mm。键槽铣刀的圆周切削刃仅在靠近端面的一小段长度内发生磨损。重磨时，只需刃磨端面切削刃，因此重磨后的键槽铣刀直径不变。

用键槽铣刀铣削键槽时，一般先轴向进给到达槽深，然后沿键槽方向铣出键槽全长。由于切削力引起刀具和工件变形，一次走刀铣出的键槽形状误差较大，槽底一般不是直角。因此，通常采用两步法铣削键槽，即首先用小号铣刀粗铣出键槽，然后以逆铣方式精铣四周，可得到真正的直角，并能获得最佳的表面粗糙度。

（3）球头铣刀。

球头铣刀由立铣刀发展而来，可分为圆柱形球头铣刀和圆锥形球头铣刀两种，如图 9-6 所示。

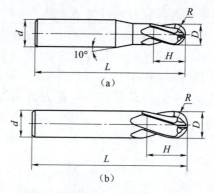

图 9-6　球头铣刀

（a）圆锥形球头铣刀；（b）圆柱形球头铣刀

球头铣刀的结构特点是球部和侧面都有切削刃，可以径向切削也可以轴向切削。

（4）圆鼻铣刀。

圆鼻铣刀就是如图 9-7 所示的中底刃两边带圆弧角的铣刀，与球头铣刀不同的是圆鼻铣刀底刃两端的圆弧角值通常比刃径值要小。

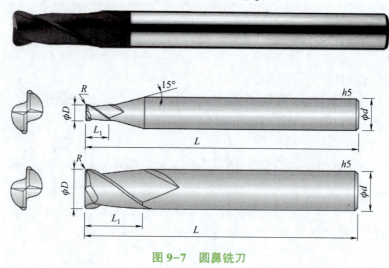

图 9-7　圆鼻铣刀

2. 切削用量的选择

铣削加工的切削用量包括切削速度、进给速度、背吃刀量和侧吃刀量。

从刀具的耐用度出发，切削用量的选择方法是首先选背吃刀量或侧吃刀量，其次确定进给速度，最后确定切削速度。

（1）背吃刀量 a_p 或侧吃刀量 a_e。

背吃刀量 a_p 为平行于铣刀轴线测量的切削层尺寸，单位为 mm。端面铣削时，a_p 为切削层深度；圆周铣削时，a_p 为被加工表面宽度。侧吃刀量 a_e 为垂直铣刀轴线测量的切削层尺寸，单位为 mm。端面铣削时，a_e 为被加工表面宽度；圆周铣削时，a_e 为切削层深度。

背吃刀量或侧吃刀量的选取主要由加工余量和表面质量要求决定。

①当工件表面粗糙度要求为 Ra 12.5～25 μm 时，如果圆周铣削加工余量小于 5 mm，端面铣削加工余量小于 6 mm，粗铣一次进给就可以达到要求。但是在加工余量较大、工艺系统刚性较差或机床动力不足时，可分为两次或多次进给完成。

②当工件表面粗糙度要求为 Ra 3.2～12.5 μm 时，应分为粗铣和半精铣两步进行。粗铣后留 0.5～1.0 mm 余量，在半精铣时切除。

③当工件表面粗糙度要求为 Ra 0.8～3.2 μm 时，应分为粗铣、半精铣、精铣三步进行。半精铣时背吃刀量或侧吃刀量取 1.5～2 mm；精铣时，圆周铣削侧吃刀量取 0.3～0.5 mm，端面铣削背吃刀量取 0.5～1 mm。

（2）进给速度 V_f。

V_f 是单位时间内工件与铣刀沿进给方向的相对位移，单位为 mm/min。它与铣刀转速 n、铣刀齿数 Z 及每齿进给量 f_z 的关系是 $V_f = f_z Z n$。

每齿进给量 f_z 的选取主要依据工件材料的力学性能、刀具材料、工件表面粗糙度等因素。工件材料的强度和硬度越高，f_z 越小，反之则越大。硬质合金铣刀的每齿进给量高于同类高速钢铣刀。工件表面粗糙度要求越高，f_z 就越小。每齿进给量可参考表 9-1 选取。工件刚性差或刀具硬度低时，应取较小值。

表 9-1　铣刀每齿进给量参考值　　　　　　　　　　　　　　　　mm

工件材料	f_z			
	粗铣		精铣	
	高速钢铣刀	硬质合金铣刀	高速钢铣刀	硬质合金铣刀
钢	0.1～0.15	0.1～0.25	0.02～0.05	0.1～0.15
铸铁	0.12～0.2	0.15～0.3		

（3）切削速度 V_c。

铣削的切削速度 V_c 与刀具的耐用度、每齿进给量 f_z、背吃刀量 a_p、侧吃刀量 a_e 及铣刀齿数 Z 成反比，而与铣刀直径成正比。其原因是当 f_z、a_p、a_e、Z 增大时，刀刃负荷增加，同时工作的齿数也增多，使切削热量增加，刀具磨损加快，从而限制了切削速度的提高。加大铣刀直径则可以改善散热条件，提高切削速度。铣削加工的切削速度可参考表 9-2 选取，也可参考有关切削用量手册中的经验公式计算。

表 9-2　切削速度参考值

工件材料	硬度（HBS）	$V_c/(\text{m} \cdot \text{min}^{-1})$	
		高速钢铣刀	硬质合金铣刀
钢	<225	18～42	66～150
	225～325	12～36	54～120
	325～425	12～36	36～75
铸铁	<190	21～36	66～150
	190～260	9～18	45～90

二、常用的编程指令

1. 刀具长度补偿指令 G43/G44

（1）编程格式。

G43/G44 H ___

（2）参数含义。

G43 为刀具长度正补偿指令。

G44 为刀具长度负补偿指令。

H ___ 为补偿号。

（3）说明。

①G43 为刀具长度正补偿/离开工件补偿指令；G44 为刀具长度负补偿/趋向工件补偿指令。

②H 为刀具长度偏置寄存器编号（H01～H99）。

③该指令一般用于补偿刀具长度差值，可使刀具在 Z 方向上的实际位移量比程序给定值增加或减少一个偏置量。当刀具磨损后长度变短时，不需要重新改动程序或重新对刀，只需要改变刀具数据库中刀具长度补偿量即可。

④利用该指令，还可以在加工深度上进行分层铣削，即通过改变刀具长度补偿值的大小，通过多次运行程序实现分层铣削。

2. 取消刀具长度补偿指令 G49

（1）编程格式。

G49

（2）参数含义。

G49 为取消刀具长度补偿指令。

（3）说明。

当程序中使用 G43 或 G44 指令后，为了确保后续加工操作不受之前刀具长度补偿的影响，必须使用 G49 取消之前的补偿设置。

项目实施

槽特征零件的数控加工。

一、加工准备

1. 机床选择

选用装有华中 HNC-818D 数控系统的数控铣床。

2. 工具、量具及毛坯

加工本项目零件所需的工具、刀具、量具及毛坯清单见表 9-3。

表 9-3　工具、刀具、量具及毛坯清单

序号	名称	规格	数量
1	游标卡尺	0~150 mm/0.02 mm	1 把
2	外径千分尺	0~25 mm/0.01 mm	1 把
3	外径千分尺	25~50 mm/0.01 mm	1 把
4	深度尺	0~100 mm/0.02 mm	1 把
5	键槽铣刀	ϕ8 mm	1 把
6	刀柄	BT40	1 把
7	精密虎钳	50 mm×150 mm×200 mm	1 个
8	工具	虎钳扳手	1 副
9	标准垫铁		1 块
10	毛坯	材料为铝合金，尺寸为 80 mm×80 mm×25 mm	1 块
11	其他辅助工具	铜皮、毛刷、护目镜等	1 套

3. 工艺分析

对图 9-1 所示槽特征零件工艺分析，根据零件形状，用 ϕ8 mm 键槽铣刀加工，其加工路线为刀具切削到-5 mm 深度，按照轮廓进行加工。槽特征零件数控加工工序卡见表 9-4。

表 9-4　槽特征零件数控加工工序卡

数控加工工序卡		零件图号	零件名称		材料	设备
			槽特征零件		铝合金	数控铣床
工步号	工步内容	刀具号	刀具名称	刀具规格	主轴转速/ ($r \cdot min^{-1}$)	进给速度/ ($mm \cdot min^{-1}$)
1	铣削	T01	键槽铣刀	ϕ8 mm	1 200	200

二、数控程序编制

本项目提供的毛坯为 80 mm×80 mm×25 mm 的铝合金板料，按图纸尺寸要求，在加工时需要考虑刀具移动过程中是否与工件、夹具、机床等发生碰撞，避免在加工过程中由于参数设置不当导致撞刀现象的发生。

加工程序如下。

```
%1234                                          （程序名）
N10 G90 G54 G00 X26 Y17          （确定编程方式,设立工件坐标系）
N20 G43 H01 Z100                         （建立刀具长度补偿）
N30 M03 S1200              （主轴正转,主轴转速为 1 200 r/min）
N40 Z10                                  （快速定位至加工起点）
N50 M08
```

```
N60 G01 Z-5 F60
N60 G03 X17 Y26 R9 F200
N70 G01 X-13
N80 G03 X-13 Y0 R14
N90 G01 X13
N100 G03 X13 Y-26 R14
N110 G01 X-17
N120 G03 X-26 Y-17 R14
N130 G00 Z100
N140 M09
N90 M30
```

（进给转速为 200 mm∕min）

（程序结束并返回开头）

三、零件的机床加工

1. 零件加工步骤

（1）按照工具、刀具、量具及毛坯清单领取相应的工具、刀具、量具及毛坯。

（2）开机通电，包括机床电源和系统电源。

（3）拔起"急停"按钮并返回机床参考点。

（4）装夹毛坯。

（5）装夹刀具并找正。

（6）对刀，建立工件坐标系。

（7）输入程序。

（8）校验程序。

（9）加工零件。

（10）测量加工后的零件尺寸。

（11）校正刀具磨损值。

（12）零件加工合格后，对机床进行清扫及保养。

（13）按照工具、刀具、量具清单归还相应的工具、刀具、量具。

（14）填写工作日志并关闭系统电源和机床电源。

2. 零件加工注意事项

（1）严格按照以上操作步骤进行加工操作。

（2）切记先对刀，然后输入程序再进行程序校验。

（3）运行程序时先用单段方式进行加工，完成第一刀切削且确认无误后方可切换到自动运行模式进行加工。

（4）加工时操作人员要佩戴护目镜，加工过程中注意将防护门关闭。

（5）机床加工时只允许单人操作，在出现紧急情况时应马上按下"急停"按钮。

（6）注意观察刀具的切削情况。

四、检验评价

加工完成后，对零件进行去毛刺和尺寸检测，最后填写检测评分表，见表9-5。

表 9-5　槽特征零件加工检测评分表

工件编号			加工时间			得分	
评价项目	技术要求		配分	评分标准			得分
程序与工艺 （15%）	程序编写正确完整		5	不规范处每处扣1分			
	切削用量合理		5	不合理处每处扣1分			
	工艺过程规范合理		5	不合理处每处扣1分			
机床操作 （15%）	刀具选择及安装正确		5	不正确处每处扣1分			
	工件装夹正确		5	不正确处每处扣1分			
	对刀及坐标系建立正确		5	不正确处每处扣1分			
零件质量 （45%）	零件形状正确		5	不正确处每处扣1分			
	尺寸精度符合图纸要求		35	不正确处每处扣2分			
	无毛刺、划痕		5	按实际情况扣分			
文明生产 （15%）	安全操作		5	不合格不得分			
	佩戴护目镜		5	未佩戴不得分			
	机床清扫与保养		5	不合格不得分			
职业素养 （10%）	数控加工机床知识		2.5	酌情给分			
	自学能力		2.5	酌情给分			
	团队协作		2.5	酌情给分			
	工具、量具正确使用		2.5	酌情给分			

项目小结

　　本项目首先提出了对槽特征零件进行数控铣削加工工艺设计和编程的任务，然后详细介绍了完成该任务必须掌握的相关知识，主要包括槽加工的工艺设计、刀具长度补偿指令 G43/G44 的编程格式及使用方法。最后设计目标零件的加工工艺并编写数控程序，利用机床自带的仿真功能进行校验和优化，在实际机床上加工出合格的零件。

课后习题

　　请完成图 9-8 所示槽特征零件加工程序的编写。

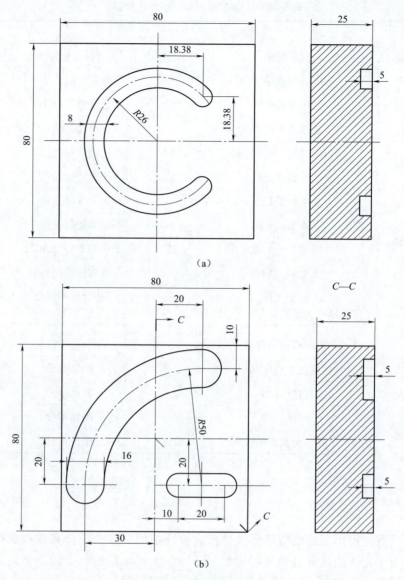

（a）

（b）

图 9-8　槽特征零件

项目十　综合零件加工

项目描述

　　本项目对中等复杂零件、复杂零件进行加工。通过学习，巩固数控铣床程序的编制方法，熟悉零件加工所需工具、刀具、量具的使用方法，熟练掌握数控加工工艺分析、加工参数的选择。熟练使用华中 HNC-818D 型数控铣床，独立完成综合零件加工。

项目分析

　　（1）中等复杂零件如图 10-1 所示，利用数控铣床进行中等复杂零件加工。毛坯为 80 mm×80 mm×25 mm 的铝合金。

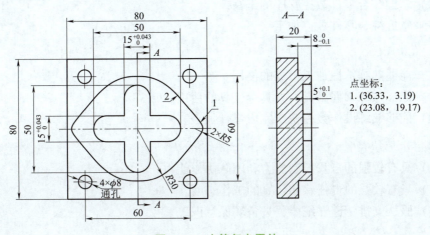

图 10-1　中等复杂零件

　　（2）复杂零件如图 10-2 所示，利用数控铣床进行复杂零件加工。毛坯为 80 mm×80 mm×25 mm 的铝合金。

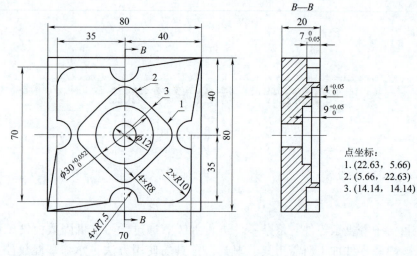

点坐标：
1. (22.63，5.66)
2. (5.66，22.63)
3. (14.14，14.14)

图 10-2　复杂零件

项目目标

1. 知识目标

（1）掌握综合零件数控加工工艺分析。

（2）掌握综合零件数控程序的编写。

（3）掌握综合零件数控加工。

2. 能力目标

（1）能够熟练掌握加工刀具的使用。

（2）能够熟练掌握量具、夹具等工具的使用。

（3）能够熟练操作数控铣床完成零件加工。

3. 素养目标

（1）具有较强的自我控制能力和团队协作能力。

（2）具有较强的责任感和认真的工作态度。

（3）服从安排、遵守纪律，具备环保意识。

项目实施

综合零件的数控加工。

一、加工准备

1. 机床选择

选用装有华中 HNC-818D 数控系统的数控铣床。

2. 工具、量具及毛坯

加工本项目零件所需的工具、刀具、量具及毛坯清单见表 10-1。

表 10-1 工具、刀具、量具及毛坯清单

序号	名称	规格	数量
1	游标卡尺	0~150 mm/0.02 mm	1 把
2	外径千分尺	0~25 mm/0.01 mm	1 把
3	外径千分尺	25~50 mm/0.01 mm	1 把
4	深度尺	0~100 mm/0.02 mm	1 把
5	立铣刀	ϕ10 mm	1 把
6	中心钻	A4	1 支
7	麻花钻	ϕ8 mm、ϕ12 mm	2 支
8	钻夹头刀柄	BT40	1 把
9	刀柄	BT40	1 把
10	精密虎钳	50 mm×150 mm×200 mm	1 个
11	工具	虎钳扳手	1 副
12	标准垫铁		1 块
13	毛坯	材料为铝合金，尺寸为 80 mm×80 mm×25 mm	2 块
14	其他辅助工具	铜皮、毛刷、护目镜等	1 套

3. 工艺分析

1) 中等复杂零件工艺分析

(1) 根据图 10-1 所示零件形状，选择 ϕ10 mm 立铣刀粗铣，其加工路线为调用子程序分层粗铣削 R30 凸台→调用子程序分层粗铣削十字型腔；所留精铣余量为 0.2 mm。

(2) 选择 ϕ10 mm 立铣刀精铣，其加工路线为精铣铣削 R30 凸台→精铣铣削十字型腔。

(3) 选择 A4 中心钻，进行点孔加工。

(4) 选择 ϕ8 mm 麻花钻，进行钻孔加工。

2) 复杂零件工艺分析

(1) 根据图 10-2 所示零件形状，选择 ϕ10 mm 立铣刀粗铣，其加工路线为调用子程序分层粗铣削 70 mm×70 mm 凸台→调用子程序分层粗铣削 40 mm×40 mm 型腔→调用子程序分层粗铣削 ϕ30 mm 型腔；所留精铣余量为 0.2 mm。

(2) 选择 ϕ10 mm 立铣刀精铣，其加工路线为精铣铣削 70 mm×70 mm 凸台→精铣铣削 40 mm×40 mm 型腔→精铣铣削 ϕ30 mm 型腔。

(3) 选择 A4 中心钻，进行点孔加工。

(4) 选择 ϕ12 mm 麻花钻，进行钻孔加工。

综合零件加工工序卡见表 10-2。

表 10-2 综合零件数控加工工序卡

数控加工工序卡		零件图号	零件名称	材料	设备
			综合零件	铝合金	数控铣床
工步号	工步内容	刀具号	刀具名称	刀具规格	主轴转速/ （r·min⁻¹）	进给速度/ （mm·min⁻¹）

工步号	工步内容	刀具号	刀具名称	刀具规格	主轴转速/ ($r \cdot min^{-1}$)	进给速度/ ($mm \cdot min^{-1}$)
1	粗铣	T01	立铣刀	$\phi 10$ mm	1 200	700
2	精铣	T01	立铣刀	$\phi 10$ mm	1 500	400
3	点孔	T02	中心钻	A4	1 800	200
4	钻孔	T03	麻花钻	$\phi 8$ mm	900	150
5	钻孔	T04	麻花钻	$\phi 12$ mm	800	150

二、数控程序编制

本项目提供的毛坯为 80 mm×80 mm×25 mm 的铝合金板料，按图纸尺寸要求首先加工凸台特征和型腔特征，然后加工孔，粗、精铣程序分开编写。在加工时需要考虑装夹工件的长度和加工长度，避免在加工过程中由于装夹不当导致撞刀现象的发生。

1. 中等复杂零件的数控加工程序

（1）粗铣程序。

```
%1234                                          (主程序名)
N10 G90 G54 G00 X50 Y15                         (确定编程方式，设立工件坐标系)
N20 G43 H01 Z100                                (建立 1 号刀具长度补偿)
N30 M03 S1200                                   (主轴正转，主轴转速为 1 200 r/min)
N40 Z10                                         (快速定位至加工起点)
N50 M08
N60 G01 Z0 F100
N70 M98 P001 L16                                (调用 1 号子程序，调用 16 次)
N80 G00 X0 Y0
N90 Z10
N100 G01 Z0 F100
N110 M98 P002 L10                               (调用 2 号子程序，调用 10 次)
N120 G00 Z100
N130 M09 G49                                    (冷却液停止，并取消刀具长度补偿)
N140 M30
%001                                            (1 号子程序名)
N160 G91 G01 Z-0.5 F700                         (进给速度为 700 mm/min)
N170 G90 G01 G42 D01 X36.33 Y3.19               (建立 1 号刀具半径补偿)
N180 G01 X23.08 Y19.17
N190 G03 X-23.08 Y19.17 R30
N200 G01 X-36.33 Y3.19
```

N210 G03 X-36.33 Y-3.19 R5

N220 G01 X-23.08 Y-19.17

N230 G03 X23.08 Y-19.17 R30

N240 G01 X36.33 Y-3.19

N250 G03 X36.33 Y3.19 R5

N260 G01 G40 X50 Y15　　　　　　　　　　　　（取消1号刀具半径补偿）

N270 M99　　　　　　　　　　　　　　　　　　　　（子程序结束）

%002　　　　　　　　　　　　　　　　　　　　　（2号子程序名）

N290 G91 G01 Z-0.5 F60

N300 G90 G01 G41 D01 X7.5 F700　　　　　　　（建立1号刀具半径补偿）

N310 G01 Y17.5

N320 G03 X-7.5 Y17.5 R7.5

N330 G01 Y7.5

N340 G01 X-17.5

N350 G03 X-17.5 Y-7.5 R7.5

N360 G01 X-7.5

N370 G01 Y-17.5

N380 G03 X7.5 Y-17.5 R7.5

N390 G01 Y-7.5

N400 G01 X17.5

N410 G03 X17.5 Y7.5 R7.5

N420 G01 X0

N430 G01 G40 Y0　　　　　　　　　　　　　　（取消1号刀具半径补偿）

N440 M99　　　　　　　　　　　　　　　　　　　（子程序结束）

注：残留余量通过修改半径补偿值的方式去除。

（2）精铣程序。

%1234　　　　　　　　　　　　　　　　　　　　　（程序名）

N10 G90 G54 G00 X50 Y15

N20 G43 H01 Z100　　　　　　　　　　　　　　（建立1号刀具长度补偿）

N30 M03 S1500

N40 Z10

N50 M08

N60 G01 Z-8 F100

N70 G01 G41 D01 X36.33 Y3.19 F400　　　　（建立1号刀具半径补偿）

N80 G02 X36.33 Y-3.19 R5

N90 G01 X23.08Y-19.17

N100 G02 X-23.08 Y-19.17 R30

N110 G01 X-36.33 Y-3.19

N120 G02 X-36.33 Y3.19 R5

N130 G01 X-23.08 Y19.17

N140 G02 X23.08 Y19.17 R30

N150 G01 X36.33 Y3.19

N160 G01 G40 X50 Y15　　　　　　　　　　　　（取消1号刀具半径补偿）

```
N170 G00 Z100
N180 X0 Y0
N190 Z10
N200 G01 Z-5F100
N210 G01 G41 D01 X7.5 F700          （建立1号刀具半径补偿）
N220 G01 Y17.5
N230 G03 X-7.5 Y17.5 R7.5
N240 G01 Y7.5
N250 G01 X-17.5
N260 G03 X-17.5 Y-7.5 R7.5
N270 G01 X-7.5
N280 G01 Y-17.5
N290 G03 X7.5 Y-17.5 R7.5
N300 G01 Y-7.5
N310 G01 X17.5
N320 G03 X17.5 Y7.5 R7.5
N330 G01 X0
N340 G01 G40 Y0                     （取消1号刀具半径补偿）
N350 G00 Z100
N360 M09 G49              （冷却液停止,并取消刀具长度补偿）
N370 M30
```

（3）点孔程序。

```
%1234
N10 G90 G54 G00 X30 Y30
N20 G43 H02 Z100                    （建立2号刀具长度补偿）
N30 M03 S1800
N40 Z20
N50 M08
N60 G98 G81 Z-1 R2 F150                     （钻孔循环）
N70 X-30
N80 Y-30
N90 X30
N100 G80 M09                              （取消钻孔循环）
N110 G00 Z100
N120 M30
```

（4）钻孔程序。

```
%1234
N10 G90 G54 G00 X30 Y30
N20 G43 H03 Z100                    （建立3号刀具长度补偿）
N30 M03 S1800
N40 Z20
N50 M08
N60 G98 G83 Z-30 R2 Q-3 K1 F150             （钻深孔循环）
```

N70 X-30

N80 Y-30

N90 X30

N100 G80 M09　　　　　　　　　　　　　　　　　（取消钻深孔循环）

N110 G00 Z100

N120 M30

2. 复杂零件的数控加工程序如下

（1）粗铣程序。

%1234　　　　　　　　　　　　　　　　　　　　　（主程序名）

N10 G90 G54 G00 X50 Y40

N20 G43 H01 Z100　　　　　　　　　　　　　　　（建立 1 号刀具长度补偿）

N30 M03 S1200

N40 Z5

N50 M08

N60 G01 Z0 F100

N70 M98 P001 L14　　　　　　　　　　　　　　　（调用 1 号子程序,调用 14 次）

N80 G00 Z100

N90 X0 Y0

N100 Z5

N110 G01 Z0 F100

N120 M98 P002 L8　　　　　　　　　　　　　　　（调用 2 号子程序,调用 8 次）

N130 G00 Z100

N140 X0 Y0

N150 Z10

N160 G01 Z-4 F100

N170 M98 P003 L10　　　　　　　　　　　　　　　（调用 3 号子程序,调用 10 次）

N180 G00 Z100

N190 M09 G49　　　　　　　　　　　　　　　　　（取消 1 号刀具长度补偿）

N200 M30

%001　　　　　　　　　　　　　　　　　　　　　（1 号子程序名）

N220 G91 G01 Z-0.5 F200

N230 G90 G01 G41 D01 X40 F700　　　　　　　　　（建立 1 号刀具半径补偿）

N240 G01 X35 Y7.5

N250 G03 X35 Y-7.5 R7.5

N260 G01 Y-25

N270 G02 X25 Y-35 R10

N280 G01 X7.5

N290 G03 X-7.5 Y-35 R7.5

N300 G01 X-40 Y-40

N310 G01 X-35 Y-7.5

N320 G03 X-35 Y7.5 R7.5

N330 G01 Y25

N340 G02 X-25 Y35 R10

```
N350 G01 X-7.5
N360 G03 X7.5 Y35 R7.5
N370 G01 X40 Y40
N380 G01 G40 X50                              （取消1号刀具半径补偿）
N390 M99                                       （子程序结束）
%002                                           （2号子程序名）
N410 G91 G01 Z-0.5 F60
N420 G90 G01 G41 D01 X14.14 Y14.14 F700        （建立1号刀具半径补偿）
N430 G01 X5.66 Y22.63
N440 G03 X-5.66 Y22.63 R8
N450 G01 X-22.63 Y5.66
N460 G03 X-22.63 Y-5.66 R8
N470 G01 X-5.66 Y-22.63
N480 G03 X5.66 Y-22.63 R8
N490 G01 X22.63 Y-5.66
N500 G03 X22.63 Y5.66 R8
N510 G01 X14.14 Y14.14
N520 G01 G40 X0 Y0                             （取消1号刀具半径补偿）
N530 M99                                       （子程序结束）
%003                                           （3号子程序名）
N550 G91 G01 Z-0.5 F60
N560 G90 G01 G41 D01 X15 F700                  （建立1号刀具半径补偿）
N570 G03 I-15
N580 G01 G40 X0                                （取消1号刀具半径补偿）
N590 M99                                       （子程序结束）
```

（2）精铣程序。

```
%1234                                          （程序名）
N10G90 G54 G00 X50 Y40
N20 G43 H01 Z100                               （建立1号刀具长度补偿）
N30 M03 S1200
N40 Z5
N50 M08
N60 G01 Z-7 F100
N70 G01 G41 D01 X40 F700                       （建立1号刀具半径补偿）
N80 G01 X35 Y7.5
N90 G03 X35 Y-7.5 R7.5
N100 G01 Y-25
N110 G02 X25 Y-35 R10
N120 G01 X7.5
N130 G03 X-7.5 Y-35 R7.5
N140 G01 X-40 Y-40
N150 G01 X-35 Y-7.5
N160 G03 X-35 Y7.5 R7.5
```

```
N170 G01 Y25
N180 C02 X-25 Y35 R10
N190 G01 X-7.5
N200 G03 X7.5 Y35 R7.5
N210 G01 X40 Y40
N220 G01 G40 X50                          (取消 1 号刀具半径补偿)
N230 G00 Z100
N240 X0 Y0
N250 Z5
N260 G01 Z-4 F100
N270 G01 G41 D01 X14.14 Y14.14 F700        (建立 1 号刀具半径补偿)
N280 G01 X5.66 Y22.63
N290 G03 X-5.66 Y22.63 R8
N300 G01 X-22.63 Y5.66
N310 G03 X-22.63 Y-5.66 R8
N320 G01 X-5.66 Y-22.63
GN330 G03 X5.66 Y-22.63 R8
N340 G01 X22.63 Y-5.66
N350 G03 X22.63 Y5.66 R8
N360 G01 X14.14 Y14.14
N370 G01 G40 X0 Y0                         (取消 1 号刀具半径补偿)
N380 G00 Z100
N390 X0 Y0
N400 Z10
N410 G01 Z-9 F100
N420 G01 G41 D01 X15 F700                  (建立 1 号刀具半径补偿)
N430 G03 I-15
N440 G01 G40 X0                            (取消 1 号刀具半径补偿)
N450 G00 Z100
N460 M09 G49                               (取消 1 号刀具长度补偿)
N470 M30
```

（3）点孔程序。

```
%1234
N10 G90 G54 G00 X0 Y0
N20 G43 H02 Z100                           (建立 2 号刀具长度补偿)
N30 M03 S1800
N40 Z20
N50 M08
N60 G98 G81 Z-1 R2 F150                    (钻孔循环)
N70 G80 M09                                (取消钻孔循环)
N80 G00 Z100
N90 M30
```

（4）钻孔程序。

```
%1234
N10 G90 G54 G00 X30 Y30
N20 G43 H04 Z100                          （建立 4 号刀具长度补偿）
N30 M03 S1800
N40 Z20
N50 M08
N60 G98 G83 Z-30 R2 Q-3 K1 F150           （钻深孔循环）
N70 G80 M09                               （取消钻深孔循环）
N80 G00 Z100
N90 M30
```

三、零件的机床加工

1. 零件加工步骤

（1）按照工具、刀具、量具及毛坯清单领取相应的工具、刀具、量具及毛坯。

（2）开机通电，包括机床电源和系统电源。

（3）拔起"急停"按钮并返回机床参考点。

（4）装夹毛坯。

（5）装夹刀具并找正。

（6）对刀，建立工件坐标系。

（7）输入程序。

（8）校验程序。

（9）加工零件。

（10）测量加工后的零件尺寸。

（11）校正刀具磨损值。

（12）零件加工合格后，对机床进行清扫及保养。

（13）按照工具、刀具、量具清单归还相应的工具、刀具、量具。

（14）填写工作日志并关闭系统电源和机床电源。

2. 零件加工注意事项

（1）严格按照以上操作步骤进行加工操作。

（2）切记先对刀，然后输入程序再进行程序校验。

（3）运行程序时先用单段方式进行加工，完成第一刀切削且确认无误后方可切换到自动运行模式进行加工。

（4）加工时操作人员要佩戴护目镜，加工过程中注意将防护门关闭。

（5）机床加工时只允许单人操作，在出现紧急情况时应马上按下"急停"按钮。

（6）注意观察刀具的切削情况。

四、检验评价

加工完成后，对零件进行去毛刺和尺寸检测，最后填写检测评分表，见表10-3。

表 10-3　综合零件加工检测评分表

工件编号		加工时间		得分	
评价项目	技术要求	配分	评分标准		得分
程序与工艺 （15%）	程序编写正确完整	5	不规范处每处扣 1 分		
	切削用量合理	5	不合理处每处扣 1 分		
	工艺过程规范合理	5	不合理处每处扣 1 分		
机床操作 （15%）	刀具选择及安装正确	5	不正确处每处扣 1 分		
	工件装夹正确	5	不正确处每处扣 1 分		
	对刀及坐标系建立正确	5	不正确处每处扣 1 分		
零件质量 （45%）	零件形状正确	5	不正确处每处扣 1 分		
	尺寸精度符合图纸要求	35	不正确处每处扣 2 分		
	无毛刺、划痕	5	按实际情况扣分		
文明生产 （15%）	安全操作	5	不合格不得分		
	佩戴护目镜	5	未佩戴不得分		
	机床清扫与保养	5	不合格不得分		
职业素养 （10%）	数控加工机床知识	2.5	酌情给分		
	自学能力	2.5	酌情给分		
	团队协作	2.5	酌情给分		
	工具、量具正确使用	2.5	酌情给分		

项目小结

本项目首先提出了对综合零件进行数控铣削加工工艺设计和编程的任务，然后详细介绍了完成该任务必须掌握的相关知识。最后设计目标零件的加工工艺并编写数控程序，利用机床自带的仿真功能进行校验和优化，在实际机床上加工出合格的零件。

课后习题

请完成图 10-3 所示综合零件加工程序的编写。

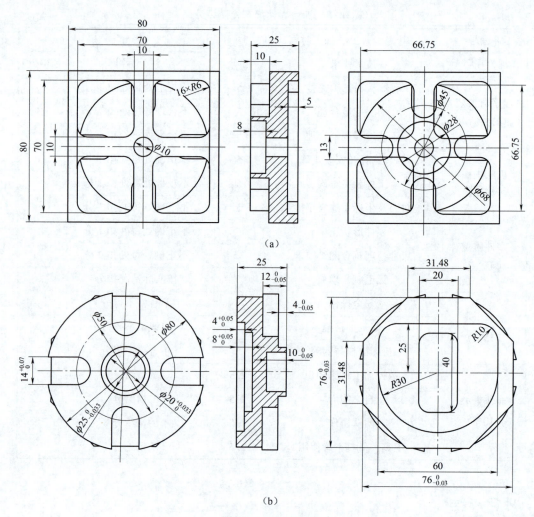

（a）

（b）

图 10-3　综合零件

参 考 文 献

[1] 孟超平. 康俐. 数控编程与操作［M］. 北京：机械工业出版社，2019.

[2] 余娟. 刘凤景. 李爱莲. 数控机床编程与操作［M］. 北京：北京理工大学出版社，2021.

[3] 万晓航. 数控机床编程技术［M］. 北京：北京理工大学出版社，2021.

[4] 李兴凯. 数控车床编程与操作［M］. 北京：北京理工大学出版社，2019.

[5] 夏燕兰. 数控编程与操作［M］. 北京：机械工业出版社，2012.

[6] 董建国. 龙华. 肖爱武. 数控编程与加工技术［M］. 北京：北京理工大学出版社，2019.

[7] 霍志伟. 邵娟. 数控机床编程与操作［M］. 北京：北京理工大学出版社，2019.